可复制的领导力 ②

樊登 著

樊登的 7 堂管理课

中信出版集团 | 北京

图书在版编目（CIP）数据

可复制的领导力.2,樊登的7堂管理课/樊登著
. -- 北京：中信出版社, 2022.3
ISBN 978-7-5217-4014-1

Ⅰ.①可… Ⅱ.①樊… Ⅲ.①企业领导学 Ⅳ.
① F272.91

中国版本图书馆 CIP 数据核字 (2022) 第 030958 号

可复制的领导力2——樊登的7堂管理课
著者： 樊登
出版发行：中信出版集团股份有限公司
（北京市朝阳区惠新东街甲4号富盛大厦2座 邮编 100029）
承印者： 唐山楠萍印务有限公司

开本：880mm×1230mm 1/32　　印张：8.25　　字数：151千字
版次：2022年3月第1版　　　　印次：2022年3月第1次印刷
书号：ISBN 978-7-5217-4014-1
定价：59.00元

版权所有·侵权必究
如有印刷、装订问题，本公司负责调换。
服务热线：400-600-8099
投稿邮箱：author@citicpub.com

第三章　打造生物态组织的五大方法论

方法论是前事的经验总结，也是当下的指路明灯。五大方法论将会从目标、能力、思维、经营方式等方面助力管理者向生物态思维转变，更好地迎接未来的市场竞争。

十倍好　　_ 071
反脆弱　　_ 080
低风险创业　　_ 088
放权和试错　　_ 095
让组织自己长出来　　_ 102

第四章　激发他人的善意，唤醒员工的内在动力

管理的本质就是最大限度地激发和释放他人的善意。所谓善意，就是培养员工的成长型思维，给他们终身成长的空间。

塑造成长型思维，让员工终身成长　　_ 109
刚性制度是组织发展的巨大阻碍　　_ 117
重新思考绩效考评，创造更多的可能性　　_ 124
共建超级球队，实现组织透明化　　_ 129

推荐序　做温暖和睿智的人　宁向东　　_ V

自　序　让优秀的员工自己长出来　_ IX

第一章　从正常世界到疯狂世界

外部环境正在发生巨大的变化，出奇的、违反常规认知的事物越来越多，人与人的能力差距也越来越大。疯狂人才对组织的发展起到了至关重要的作用。

让 10% 的人做到 1 万分　　_ 003
要敢于给员工开高工资　　_ 009
减少管控，给员工更多的自主性　　_ 016

第二章　从机械态思维到生物态思维

机械态注重管控和规则，生物态则更强调保护和激发团队的活力，使其拥有更强的韧性和生命力，这正是当下管理者需要学习的重要课题。

从还原论到自我引用　　_ 025
从维持稳定到寻找亮点　　_ 035
让组织实现"幂次法则"　　_ 042
生物态组织发展需要好的模因　　_ 050
好模因的两大特征和三大支柱　　_ 058

素的核心,或者说是核心中的核心。

人们都愿意和有温度的人成为朋友,更愿意和这样的人一起工作。大家也愿意跟随一位聪明人、一位有智慧的人走向不确定的未来。睿智的人看事情往往通透,这样就不会进退失据,不仅可以带领大家走向成功,还会让自己更有温度,也更有影响力。

影响力,恰恰是领导力的内核。

在《可复制的领导力》中,樊登用一系列的原则和具体做法为温暖和睿智做了注脚,他希望更多的人可以像他一样,培育出属于自己的温度和智慧,改变自己,也帮助他人。在那本书里,他使用了最基本的叙述方式,像是手把手带徒弟。而在《可复制的领导力2》中,我感受到了他的变化,就是用启发去赋能。真正的赋能,可以让优秀的员工举一反三。用樊登的话说,就是"自己长出来"。

我们正处于一个快速变革的时代。2018年之后,中美贸易摩擦、新冠肺炎疫情等事件突如其来,不断撕裂着我们习惯了的社会经济形态,世界的样貌大大改变。同时,技术创新的速度前所未有,人口结构上的变化也深刻影响着中国社会经济的底层逻辑。没有人能够明确地告诉我们未来的世界会怎样,但我相信,人类文明的脚步一定会坚定向前。无论经历多少波折,当我们站在下一个高点的时候,我们一定会为自己的适应能力和进化能力感到自豪。

推荐序

做温暖和睿智的人

宁向东　清华大学经济管理学院教授

初识樊登，是在中央电视台做节目，快有 20 年了。那时，他还在中央电视台工作，同时兼任《管理学家》杂志的执行主编。大家一起做嘉宾，评论企业和企业家，分享各自的观点。在这个过程中，我对他有了一些了解。樊登给我的感觉是：礼貌客气，观点犀利。

又过了一些年，知道他创办了樊登读书会，这个平台影响了数以千万的人。我们偶尔会在会议上碰面，我也参加过樊登读书会的节目。十几年过去了，我发现樊登的特质有所变化：礼貌变成了一种温暖；观点依然犀利，但是以一种更加睿智的方式呈现出来。

某种意义上，樊登是自带领导特质的。温度是最有力量的物质，温暖形成了独特的魅力，而睿智则会给跟随者以明确的方向感，起着四两拨千斤的作用。我一直以为，这两点是领导力要见和建议。但本尼斯也不想越俎代庖,插手该由系主任、教务长或者副校长决定的事情,他请这些人也来参加接待。同时,由专人做现场记录,以便督促后续措施的落实。本尼斯每次都会在晚上八九点目送最后一个人离开办公室。无疑,这个过程向大家传递了温度,也凝聚了众人的智慧。

本尼斯没有自夸过这些努力的结果,但他在评价韦尔奇时,表达了对这种领导方式的喜爱。他说,韦尔奇领导通用电气公司的时间长达20年,人们不会记住他的战略天赋,人们会牢记的,是他激励和调度大家的那种方式。正是这种方式,让多条业务线上工作的无数人投身建设性的工作中。韦尔奇会因此而被记入人类的商业史中。

本尼斯说,领导者的责任,是播种、培养和营造气氛,这是一种"农业模式"。而另一位领导力前辈道格拉斯·麦格雷戈,则把促进员工成长的技术概括为:陪伴、播种、催化、示范引导和收获。无疑,这些都要以温暖和睿智作为基础。

最后,我想向读者提一个建议。因为这本新著不再是手把手地教授,而是希望带给读者更多的启发、思考和赋能,所以,我建议大家用相互讨论的方式来阅读这本书。美国诗人朗费罗曾经写过这样一句诗:"漫天阴雨,不会只倾注到一个人的生活中。"未来之事,就是大家之事,而如何应对大家之事,需要齐心协力。

愿我们共同生长,面对未来。是为推荐序。

领导力，是人类适应能力和进化能力的重要部分，在变革时代，它尤其关键。我们需要更多的温暖，也需要更多的睿智，既包括深刻的思想，也包括巧妙的行动。我们需要创造更多的领导者。

樊登的新书描述了他预见到的变化：从正常世界到疯狂世界，从机械态组织到生物态组织，这是非常有价值的洞察。他也给出了打造生物态组织的五种基本思考方法："十倍好"，反脆弱，低风险创业，放权与试错，让组织自己长出来。

这五条洞见，值得每一位读者认真思考。

作为一名管理学领域的老兵，我见过的东西不能算少，但当我看到樊登的这五条概括时，还是眼前一亮。樊登讲的都是紧要的东西，也是趋势性的东西，我对此有着深深的共鸣。樊登所展示的思考力，是一流的。作为朋友，我为他高兴。

生物态组织，是对未来组织的一种形象描述，我自己习惯称之为"海葵型组织"。不过，无论用什么词汇，在未来的不确定世界里，让基层组织更有活力和创造性，在"变"与"不变"之中寻找平衡，发挥力量，是我们得以生存和发展的关键。

领导力大师沃伦·本尼斯曾经说，好的变革，来自环境的温和提醒，以及追求真理的策略。他说，有了充分的信任和协作，再加上知识，组织就会沿着民主的道路不断地进步。

本尼斯在做大学校长的时候，每周三下午都会开放办公室给任何人，甚至是校外的人，让他们说出自己的问题、抱怨、意领导力》这本书里的内容。但我开场就很抱歉地说："'可复制的领导力'已经变了，我今天要讲的是'不可复制的领导力'（笑）。"我用了一下午时间说清楚了《可复制的领导力2》存在的意义和价值，也获得了大家普遍的认同。在《可复制的领导力》里，我们强调的是"让80%的人做到80分"，这是一个非常工业化的想法。因为在写那本书的时候，移动互联网还没有今天这么发达，各行各业的幂次分布还没有这么明显，公司与公司的竞争更多地体现在平均水平的竞争上。换句话说，这个世界更多地体现着"正常世界"的特征。这是塔勒布的观点，即当事物呈现正态分布的时候，就叫作"正常世界"；当事物呈现幂次分布的时候，就被称作"疯狂世界"。比如我们的体重、寿命、身高、阅读量、运动量这些指标就属于正常世界。特别多和特别少的都是少部分人，大部分人居中。而一本书的销量、名人的热度、财富的分配这些指标则更多地属于疯狂世界：头部的人拿走了绝大多数，剩下的人都差不多。

在十几年前，企业的经营更多呈现的是正常世界。有厉害的巨头，也有破产的倒霉蛋，大部分企业都差不多。就像商场的销售额一样，可以大致用地段、平效、装修估算出来。那时候谁也没有想过一个人坐在直播间里就可以卖出十家大商场的量。这时候你会觉得"疯狂世界"这个名字还挺贴切的。公司内部的变化也是如此。在正常世界里，一个优秀的员工可能相当于3~5个

自序

让优秀的员工自己长出来

不是每一本畅销书都应该出续集，除非作者真的有话要说。《可复制的领导力》出版的时候樊登读书有 300 万用户，这些年里，这本书得到大家的抬爱，有了将近 200 万册的销量，樊登读书的用户也突破了 5400 万。我们的员工也从最早的十几个人变成了几百号人，管理和领导的难度呈指数级增长。不过最让我引以为豪的并不是公司增长的速度，而是我的生活节奏没有因为业务的增加而打乱。我依然生活在北京，公司团队在上海，我每天的主要工作是读书、跑步，偶尔演讲，以及每周直播一次。我本人是《可复制的领导力》最大的受益者。如果不是之前十年把功夫下在领导力的研究上，我恐怕早就被繁重的工作和焦虑的心情压垮了。

但领导力是一个变化的东西。前段时间我受中金公司邀请去讲"可复制的领导力"，他们的期待是我能讲讲《可复制的

第七章 掌握情境领导，在沟通中赋能

领导力的关键就在于通过沟通，在充分尊重差异的前提下赋能每一个人，让他们用正确的方法、正确的心态去做正确的事情，然后拿到正确的结果。

情境领导的四大类型　　_197
管理即沟通　　_205
用 GROW 模型进行提问　　_211
提问时控制给建议的欲望　　_220
学会 BIC，让对方心甘情愿接受负面反馈　　_226
四大步骤落实 BIC　　_234

后　记　_243

第五章 学会批判性思维，做出正确决策

批判性思维是每一个人提升领导力的必经之路。只有做出和别人不一样的东西，有与别人不一样的想法，能够通过独立思考去沉淀，才会创造出价值。

管理需要批判性思维　　_137
锻炼批判性思维的四个维度　　_142
控制杏仁核，用大脑皮层做事　　_151
读懂人类误判心理学，掌控大脑思考系统　　_158

第六章 成为优秀的管理者，让人才为我所用

管理者的重要使命是培养人才，让人才在自己的手中发挥最大的价值和作用。通过获得信任，搭建团队，掌握培养员工的有效时机和手段，实现一个管理者的自我成长。

管理者的角色是通过他人来完成工作　　_167
把握培养员工的有效时机和途径　　_175
学会前瞻性人才保留，预防优秀人才流失　　_181
一个优秀管理者的成长路径　　_188

普通员工，比如我们过去看到的售货员、报关员、会计、工程师等。但在疯狂世界里，一个优秀的员工就能拯救一家公司。比尔·盖茨说一个优秀的程序员抵得上一万个普通的程序员。一个优秀的产品经理、一个优秀的作家、一个优秀的设计师、一个优秀的讲书人……都可以一个人活成一支队伍。为什么这个世界越来越趋近于"疯狂"？核心原因是技术。移动互联网、大数据、人工智能、云计算，这些新工具的共同特征就是给每个人赋能，消除不必要的中间环节和重复劳动，所以最不可被替代的创意部分变得越来越值钱，价值被无限放大。企业的价值创造全面进入"疯狂世界"。

正是基于这样的大背景，我对领导力的思考也在发生着巨大的变化。《可复制的领导力》讲的依然有效，通过工具化提高员工的整体素质，让80%的员工做到80分。但最终拯救公司的将不再是这80%勤勤恳恳的人，而是20%甚至2%充满了活力和创意的"离经叛道"的人。工业化的时代强调标准化、流程化、简单化。因为组织和产品都是标准化的，人的个性和不确定性反而成了组织的绊脚石。所以正如亨利·福特曾经说过："我只想要一双手，为什么还要来个脑袋？"但在今天这个后工业化的时代，人的个性和活力成为组织最为稀缺的东西。如何保护和激发团队的活力成为所有管理者最重要的课题。这些天才般的人都不是靠流程和规定打造出来的，而是自己"长"出来的。亚马逊在创业中总结出来的"有路不走"、任正非说"方向大致正确，团队充满活力"都是这个道理。我也越来越深刻地认识到，每一个成功的创业都是一次原创。企业内部的迭代和发展就是创业。过去企业管理所强调的"对标""最佳案例"往往都变成了一个又一个的坑。因为环境变化太快，技术更迭太快，消费者兴趣转换太快，明星红得太快、凉得更快，所以你只能做自己的最佳案例，而无法模仿和追逐别人的脚步。这就是为什么在了解了"疯狂世界"的背景后，我在这本书里要强调生物态的重要性。可以这么说，《可复制的领导力》是机械态的基础能力，《可复制的领导力2》是在进行生物态的启蒙运动。

一个管理者要建立生物态的思维是很不容易的，其最大的困难不是理解这些概念，而是在实践中战胜自己的贪婪和恐惧。人都有这样的弱点，一旦成功就想控制。控制既能带来成就的满足感，又能减少失控的恐惧感。但控制的欲望和过度的自信正是生物态最大的敌人。即使是英明神武的乔布斯，也对大量项目产生过严重的误判。觉得自己的判断和决策能力优于其他人，往往是成功者的自我催眠。在生物态的世界里，成功是一件相当偶然的事，而随机性发挥了很大的作用。作为管理者，我们最应该做的事情就是增加组织成功的可能性，让更多的人以更大的热情做方向大致正确的事情。同时我们也要保持反脆弱性，让一百次失败也无法伤筋动骨，但一次成功就能拯救整个公司。这就是我每天在讲,也正在做的事情。

在这本书里你会看到很多图书对我的影响。首屈一指的当然是塔勒布的《反脆弱》和《黑天鹅》,它们让我接受随机性的巨大影响力,告诉我不要过度自信和傲慢,警惕光环效应对自己的误导。

其次是一系列关于复杂科学的书,包括《复杂》《失控》《深奥的简洁》。这些书为我打开了完全不同的一扇门,让我从过去对计划和局部优化的迷信中解脱出来。当你试图用简单体系的思维方式解决复杂问题的时候,只会让自己和他人都越来越抓狂。因为解决问题的方法本身就会带来新的问题,于是你要优化和处理的问题变得无穷无尽。想想那些拼命陪着孩子上辅导班的家长就能理解了。

解决复杂问题的密码在于生命体本身,对组织来讲就是组织的使命、活力和学习能力。这三根支柱一旦启动,你就会发现每个人的潜力都是无穷的。而这三根支柱背后的精神动力是对社会的爱、对自己的爱和对自然的爱。爱这个社会,才会想要做有意义的事情,才会有了不起的目标。爱自己(不是自私)才会充满活力地生活和工作,爱尝试新东西。爱自然或者敬畏自然才会有好奇心,好奇心带来谦虚,于是所有的挫折都成为学习的机会。

还有一类图书属于更早期的生物态实践者,比如《赋能》《不拘一格》。通过这些书我们知道有人这么做过,而且很成功。

我认为这本书的销量和口碑可能不会超过《可复制的领导力》，因为《可复制的领导力》谁都能看得懂，而且符合大家的常识。我曾经在一家烤鸭店看到每个服务员都有一本《可复制的领导力》，说是主管要求他们每个人都看。而《可复制的领导力2》的基本理论是反常识的，因为我们平时看不到复杂体系，只能看到局部优化的效果。而且我所倡导的"2"的领导力模式会让很多管理者觉得不安全、不爽，会让他们认为短期成本升高。但我只能如实地呈现我认为最有益的领导力心得，尽管它可能不会像"1"一样叫好又叫座。

每个人都需要取舍。我是写一些大家更容易接受的观点争取更大的销量，还是大胆说出我所能看到的真相引发口诛笔伐，甚至再也没人推荐给员工看，这是我的取舍。你也可以继续保留控制和勤奋，让自己像个木匠一样累并快乐着，当然还可以试着勇敢地接受疯狂世界带来的失控感，轻松地看着你打造的森林茁壮生长。

第一章

从正常世界到疯狂世界

外部环境正在发生巨大的变化,出奇的、违反常规认知的事物越来越多,人与人的能力差距也越来越大。疯狂人才对组织的发展起到了至关重要的作用。

让 10% 的人做到 1 万分

在传统的市场思维中，管理者期望的员工成长总是集体性质的，即希望团队中每一个人都能成为独当一面的人才。在彼时的市场环境中，这类想法是正确的。随着时代变革的速度不断加快，换个角度思考一下，我们是否还留有足够的集体进步的空间和时间？

跟大家分享两个有助于理解当前时代的词语：疯狂世界和正常世界。用这两个词，我们可以把世界分为两部分。在正常世界里，所有的事物基本都符合正态分布，出奇的、违反常规认知的事物不多，人的能力的上限和下限差距也不大，所有人都保持在离平均水平很近的位置上。相对地，疯狂世界则完全相反，其中会出现各种匪夷所思的可能性，能力上下限的差距也十分大，我们甚至也可以认为在疯狂世界里根本不存在上限。

有200个人坐在同一间教室里，如果此时从外面走进来一个人，那么他有没有可能使教室里200个人的平均体重增加一公斤呢？基本不可能，因为在正常世界里，人类的身高、体重是符合正态分布的，也就意味着很难找到一个体重400斤的人。

但是，如果同样进来一个人，有没有可能让200个人的身家平均增加一亿呢？无疑是有可能的，而且这样的人即便是在国内也有很多，放眼到世界范围，数量就更多了。

案例中的前一种情况属于正常世界，后一种情况则属于疯狂世界。大家如果仔细观察过眼前的世界就会发现，随着技术、思维、认知等因素快速且剧烈的变化，属于疯狂世界的事物越来越多，正常世界中的事物相对应地就变得越来越少。

比如To C（面向终端客户）的销售，传统百货公司能够获得多少销售额，很大程度上取决于地段、装修、人员素质等因素，如果综合素质高，销售额就会高，反之则会比较低。但是这种高与低之间的差距不会很大，换句话说，传统百货公司属于符合正态分布的正常世界。然而在一个疯狂世界里，借助互联网思维和配套的工业基础设施，使得电商大行其道。在淘宝、京东、拼多多等电商平台上，一些头部企业可以获得较之以往数倍，甚至数十倍的销售额。

疯狂世界背后的逻辑

在如今的时代趋势中，疯狂世界的事物之所以变得越来越多，其实是有一套完整的解释和逻辑的，《深奥的简洁》这本书就给出了一种答案。该书的作者是剑桥大学天文物理学博士约翰·格里宾，他在书中阐述了一个观点：世界上所有事物的背后都有数学原理。

数学原理决定了上海是否堵车，决定了新冠肺炎疫情的散布规律，决定了某一个人的成长轨迹，甚至能够决定一只猫身体上花纹的分布，这些现象都源自数学中的一个体系：混沌体系。当我们把一个珠子放在碗边，松开手后珠子就会在碗里毫无规律地上下左右运动，这个运动的过程就是混沌体系。虽然我们无法判断它的运动过程，但它最后静止的状况和位置我们是可以预测的，即停在碗底。最终静止不动的状态被称为吸引子。

任何一个混沌体系最终都会回归于吸引子，所以体系内吸引子的数量和分布就决定了该体系最终的结局。比如猫的花纹本质上是色素，色素在一个混沌体系里不断地凝结，毫无规律地随机分布，最终停留在吸引子并呈现在猫的身体上。色素表面积大的部分就是斑块，稍微小一点的就是环，吸引子的部分就成了一个尖。可能未来的某一天，当人类的生物科技发展到一定的高度，我们甚至能控制猫的斑纹如何分布，这也是我认为机械体和生物体之间界限非常模糊的原因。

其实，不只是某一个生命体的成长轨迹能够用数字规律描述，从更加宏观的角度来看，整个人类的工业史同样如此，我们可以把它看作一条幂次曲线。在工业革命之前，人类社会发展进步的速度十分平缓。如果让一个清朝的人穿越到秦朝，可能在语言、生活习惯等方面会有所差异，但对世界的基本认知，即社会发展的水平，清朝与秦朝相差不大。但是在工业革命之后，发展速度一飞冲天，同样是那个清朝人如果穿越来到现代，看到高楼大厦、飞机、高铁、电脑，如今我们认为稀松平常的一切他都无法理解。即便是20世纪90年代的人穿越到今天可能也会产生疑问：为什么大家都不带现金了？

短短二三十年，人们对世界的认知就会发生天翻地覆的变化，更关键的是，这种变化有可能会越来越多，变化的幅度越来越大。跟大家分享一个我个人的体会。埃隆·马斯克想要上火星的新闻大家应该都知道，在此之前，普罗大众的认知是，探索宇宙一般需要以国家的力量和资源为支撑，集合地球上最聪明的一帮人才能完成。如今一家私营企业居然也具备了这种能力，而且还向世人卖票，这让人不得不感叹，疯狂世界越来越多，似乎已经取代正常世界成了"正常世界"。

这种改变对现代社会中的人来说，影响同样巨大。就如同那个清朝人一样，如果我们不成长，不疯狂地汲取新知识、培养新思维，可能会在极短的时间内被淘汰。

用 10% 带动 90% 才是疯狂世界的竞争之道

我讲"可复制的领导力"已经有一些年头了，之前的目标一直都是"让 80% 的人做到 80 分"，我们期望提升整体的素质，大家齐头并进、共同奋斗推进事业的进步。很明显，这是一个建立在正常世界背景下的口号。然而，正常世界加速向疯狂世界的过渡、变迁给了我很大的启发，我开始反思之前的口号是否还能在新时代、新世界中站得住脚，并从另一个角度得出了一个符合新需求的口号，即让 10% 的人做到 1 万分，鼓励剩下 90% 的人向 10% 看齐。同时我也相信，这才是未来更有竞争力的生存之道。

可能有人认为我讲得太夸张了，但我坚持相信这就是未来。过去很多企业特别在意一个数字：人均产出。美国华尔街、上海浦东等地之所以能够吸引世界各地的精英人才前往，就是因为这些地方的人均产出高，赚的钱多。在华尔街人均年产出 200 万美元，可能就有机会拿到五六十万美元的回报。

但是如今人均产出这个词出现在人们视野之中的频率越来越低了，因为疯狂世界中的产出变得十分集中，集中在了"吸引子"上，很难用平均水平来阐述。

一提到直播带货，很多人脑海中第一个出现的人就是"OMG！买它！"的李佳琦。作为妇孺皆知的头部大主播之一，将其定义为"一哥"并不为过。2021 年 10 月 21 日公布的淘宝主播销售榜数据显示,李佳琦在2021年10月20日双十一预售直播的销售额高达106.53亿元。仅仅一个晚上,就收获了一家公司一年都无法达成的战绩,"吸引子"的巨大作用和意义已经无须多言。

再比如国内脱口秀领域中的《今晚80后脱口秀》、笑果文化,他们的当家花旦王自健、李诞等都是观众热爱一档节目最主要的吸引点之一。其中,李诞以其幽默的语言和感染力俘获了大批拥趸,极大地推动了我国脱口秀行业的发展。反哺行业,推动行业发展,是一个"吸引子"巨大能量的典型体现。

更为关键的是,李佳琦、李诞等并不是个例,而是疯狂世界里的一种普遍现象。在大量的互联网公司中,能够给项目困境带来破局点的人往往就是某一个人,或者三五个人的小团队。

我更改了可复制的领导力的目标,强调"让10%的人做到1万分"而不再追求共同进步的出发点,就是因为我们已经进入一个以疯狂世界为主导的时代,新时代的市场竞争是团队尖子与尖子的碰撞,先突破的团队就有抢占市场和客户的先机。因此,管理者应当调整自己领导团队时的思维和思路,从机械态思想转向生物态思想,在团队中做取舍,让更多的人自动地生长。

要敢于给员工开高工资

"让 10% 的人做到 1 万分"算是企业在对待人才时一个纲领性的原则，也就是我们要有针对性地做到资源倾斜，有效促进"疯狂人才"的成长。在网飞的管理思路中，有一条与众不同但特别有意思的规定，即网飞会给员工提供相同职位全市场最高的工资。具体如何操作呢？假如一名员工有能力从猎头处获得比当前更高的薪资，那么网飞就会在猎头给出薪资的基础上再加钱。比如，如果猎头承诺提供 120 万美元的年薪，那么网飞就可能会给员工 125 万美元。

我相信很多人会质疑这种管理措施：难道这样做不担心员工不专心于工作，而是隔三岔五地去找猎头并以此来涨工资吗？当然不会，网飞对员工有充分的认知。首先，一心妄想以此举提升薪资的员工只是很少一部分,而且他们大都存在很强的辨识度,一经发现就会被开除;其次,有能力的人一定能在某个场合、某个项目中脱颖而出,网飞对这部分人的薪资从来不会吝啬。

在一家追求卓越、愿意不断突破自我的企业里,如果鸡蛋里挑骨头式地给人才找一个缺点,那么"贵"确实可以成为选项之一。但是贵的缺点只在正常世界中成立,在疯狂世界里它根本不会成为企业需要斟酌的问题。

"疯狂"的员工具备"疯狂"的价值

价格和价值之间的对比关系在某些职位中体现得十分明显。比如一个有专业能力和丰富经验的程序员与一个刚入门的技术小白,在程序员出身的比尔·盖茨的眼中,两者的差距如天堑一般,是难以用某种具体标准衡量的。因为一个技术不过关的程序员轻则制造 bug(漏洞),拖累项目的进度和周期,重则摧毁前期所有的工作成果,相关的新闻报道也是屡见不鲜。而相对地,一个优秀的程序员则有可能成为世界首富。

另一个存在显著对比的职位是销售。在传统的正常世界里,销售基本都是站在柜台里等待客户光临,所以各个销售人员的业绩基本都维持在同一水平,相差不会太大。但是借助电商平台、直播平台、自媒体平台以及各种互联网技术和思维,销售的业绩差距瞬间被拉开。

给大家举一个具体的案例：尚品宅配。早在 10 年前，尚品宅配就开始预见式地布局直播、网红领域，它倡导自己的员工去各个平台做直播。通过这些年的积累，家装类垂直领域中排在前 20 名、有价值、有影响力的网红几乎全是尚品宅配的人。

其中排在第一名的是一个网名为"设计师阿爽"的女生，对这方面有关注的人应当听说过她。截至 2021 年 11 月 24 日，仅在微博一个平台，她就拥有 114 万粉丝，影响力可见一斑。这样一个网红对尚品宅配来说价值难以估量，最直接的体现就是她一个月可以为公司带来好几千单生意，即便是一家上市公司也需要郑重审视她的能量。

在传统的工业思维，即正常世界中，一家公司过于倚重某一个人，肯定会被大家认为公司的发展模式存在问题，是畸形的。但如果大家接受并领悟互联网思维，进入疯狂世界中就能明白，合理地通过某一名员工或者一个团队来扩大公司的影响力和知名度，然后再跟上配套的基础设施，比如公司的经营体系、其他人才等，这种发展模式是再正常不过了，甚至已经成为一股潮流，比如大家熟知的张小龙、罗永浩等，樊登读书也是如此。

至此，我想问大家两个问题：网飞给员工市场最高薪资是迫于无奈还是一个高明之举？如果公司面临这种选择，你会如何决策？

其实这两个问题有一个共同的关键点：员工的价值。在正常世界里，企业管理者一般会通过平日里的工作表现、KPI等方式来判定一名员工的能力和价值，并基于这个判断给员工提供相对应层级的工资。但总的来说，这种方式是平滑的、均匀的、有迹可循的，而疯狂世界的运行规律对抗的恰恰就是看起来公平合理的分配方式。

比如，在正常世界里，一个打扫卫生的阿姨十分优秀，各方面的能力都比同行突出，但如果让她一个人顶替5个人去打扫整个商业办公楼，明显是不太现实的。

再比如一个优秀的保安，他的能力范围可能就是一栋楼，而想让他一个人为整个工业园区负责，也是不太可能的。因为他们都是正常世界里的普通人，拿到的是对应职业的市场平均薪资，人们也不会对他们有过多的期待。

正常员工创造的价值大多是清晰可衡量的，比如清扫了几个楼层，但疯狂员工的价值却难有明确的标准，比如"设计师阿爽"。因此，如果一个领导者以正常的标准去衡量一个"张小龙"、一个"罗永浩",那么明显就是不合理的。对于突破常规评价标准的人才,我们就应当给予突破常规的薪资,这也是对他们价值的一种合情合理的回报。

从领导力的角度来说,我一直强调要释放员工的善意,与打破人才的发展阻碍类似,提供与员工价值相匹配的薪资,是一种更为落地、更为直接的激发员工上进心和奋斗意愿的方式,而且是一种不可或缺、不可被替代的方式。

释放"疯狂"员工的善意需要"疯狂"的方法

除了领先市场的高工资,网飞另一个让人百思不得其解,甚至让人觉得特别不合理的规则就是开除合格的员工。因为在网飞的管理理念中,如果一名员工达不到优秀的标准,达不到让竞争对手争抢的地步,就有可能、有必要被淘汰。当我们把提到的两条规则或者说理念结合在一起,就能理解网飞的"用心良苦"了,他们把10名普通员工的薪资集中起来给一个"疯狂"的人才,促使后者爆发出大于10个人的能力和价值。

更为关键的是,对于被淘汰的员工,网飞同样仁至义尽,普通员工能拿到4个月的薪酬,副总裁以上的人员则能够拿到6个月的薪酬。这些钱完全足够支撑他们去寻找下一份工作,所以网飞很少在离职薪酬上和离职员工产生纠纷。

我个人是比较认同这种做法和逻辑的。对任何一家略有规模的企业来说，时间和精力远远比员工几个月的薪酬更有价值。如果与员工因为薪酬闹得很不愉快，甚至是劳动仲裁、打官司，那么公司前前后后付出的人力物力、时间精力价值综合绝对超过薪酬所代表的价值。

而且从员工的角度来说，这种现象会让他们感到纠结，纠结离职到底值不值，犹犹豫豫之间又在岗位耗了半年。可是管理者此时就要思考一个关键点，如此状态的员工根本不可能为公司创造太多实际的效益。因此，让普通员工下定决心离开，而不是继续浑水摸鱼地工作半年，更为节省成本。

从这个角度来说，网飞高离职薪酬的高明之处在于，他们通过集中资源更大程度地释放尖子人才的善意，也在长远角度上选择了成本更低的一条道路，这是可复制的领导力所强力倡导的。

由此我们可以得到一些启发，比如改变锻炼、培养人才的方法和思路。在传统的可复制的领导力的理念中，我认为优秀的员工是可以慢慢培养出来的，应该有一套标准化、体系化的流程。因此，以前我们最得意的事情就是，任何一个普通人经过我们的培训和赋能，最终都能成为一名职场精英，获得超高年薪。

但我们逐渐意识到，追求标准化的思维其实就是正常世界的思维，它适合的是稳扎稳打、渴望慢慢发展的公司。而要想实现高速发展，在疯狂世界里获取成功，就需要我们转变思路，用疯狂的方法去释放疯狂人才的善意，由他们创造巨大的价值。如果脚踏实地地把这条路走通，那么疯狂的人才其实才是最具性价比的人才。

减少管控，给员工更多的自主性

在普通人的认知里，天才一般都是高冷、可望而不可即以及具有一些常人不可理解的行为习惯的，其实换个角度来理解就是，天才、优秀的人比普通人更加骄傲，更渴望获得认可和尊重。这就导致在职场中，优秀的人才会更加坚持自己的理解和观点，也更难伺候。比如在供应商眼中，一些头部的电商带货达人不仅具备很强的议价权，而且对产品投放到市场时的质量、价格也有诸多要求。

但正如大家看到的一样，即便有如此多的限制条件，如果能力允许，供应商也愿意找这些带货达人，因为他们有能力卖更多的货，而且通过他们，企业可以向消费者传递一个认知：我的商品是经过该达人认可的，质量、效果绝对可靠。反过来，通过这样的认知和带货达人背书，企业又拥有了对消费者更高的议价权。

这就是一名优秀人才巨大的商业价值。

以随机性营造自主空间，释放员工善意

在管理优秀人才和普通员工时，企业领导者需要区别对待（管理制度上的区别而非人格、道德上的区别），用规章制度标准化、规范化后者的日常工作，用尊重和认可激励前者创造更多的价值。

以影视行业为例。大家都知道影视行业在制作内容时，强调的是创意和灵感，具备这些能力的创意型人才绝对是该行业争相抢夺的宝贝。为了留住和吸引更多的创意型人才，网飞破天荒地取消了报销制度，只要员工提出报销的请求，财务就会给钱。此举在一定程度上意味着网飞减少了对员工的管控，给了他们更多的空间和更大的自主性。

《金融时报》的经济学专栏作家蒂姆·哈福德在他撰写的管理类书籍《混乱》中提出，运用KPI指标无法管理好一家公司。原因在于，KPI属于刚性制度，而公司运行的种种行为却是极为复杂的，用一个刚性的制度去控制一个复杂的机构，最终导致的结果就是上有政策、下有对策。所以我们会发现一个有趣的现象，全球范围内这么多的公司、机构，没有哪一个集体里的员工会站出来说自己特别热爱KPI指标，并认为KPI使得自己充满了干劲，更多的现象是员工在挖空心思去对抗、糊弄KPI。如果大家有过管理渠道的经历，就能更加清晰地感受到，不管公司给出怎样的指标，渠道人员总能想尽办法去完成，至于最终的结果是好是坏，激发了善意还是恶意，则不在他们的考量范围之内。

用小价值换取大价值

除了取消报销制度，网飞另一个让人更加无法理解的做法就是取消了立项制度。按照市场的普遍认知，一个项目是否立项应该由团队开会讨论，报备领导者审批决定，然后申请财务拨款，最后可能还需要成立一个委员会进行审查。网飞此举意味着，任何一名员工仅需要根据自己的理解和意愿，认为一个项目可以做、可以投，那么他就可以拍板实施这个项目。

给大家描绘一个具体的场景。一名刚入职网飞的墨西哥籍员工想要拍摄一部关于墨西哥的电视剧，因为他认为墨西哥的文化很有意思，值得宣扬，而且自己国内的人口、目标受众都很多，这样的电视剧一定很有市场。然后他就去找了一个拍摄团队，双方交流得很融洽，各个流程也都理得很顺利。

万事俱备只欠东风，这名员工去找自己的领导申请启动资金，大概需要150万美元。结果领导说他可以自己决定，只要他在合同上签字，公司的财务就会付钱。这名员工就很不理解，难道数额这么巨大的一笔钱，一个刚入职的新员工就有权利使用？然后领导对他说："这就是公司雇用你的原因。"

网飞之所以有魄力下放立项的决定权，是因为在招聘时下足了功夫，只有他们认为可信任、可放权的人才真正有权利做这些事情。正如大家看到这项规定时所担心的一样：如果任何一名员工都能任意支取财务账目上的150万美元，公司的生存肯定会出问题。

能够获得自主立项权利的人必须是一名职场精英，他必须有着非常好的职场口碑、丰富的市场经验和足够的判断能力。因此，入职本身就意味着网飞对他们综合素质的认可，所以也就敢于放权让他们去做尝试，让他们独立运作一个完整的项目。

可能有人会好奇，网飞为什么要如此"特立独行"呢？或者说，取消报销制度和立项制度能够给公司带来哪些好处呢？给大家分享一个案例。

在一次跟三星谈判合作的过程中，为了给三星的来访人员演示制作精良的高清动画片，网飞的员工便在办公室内准备了一台5K高清电视。大家可能也知道，网飞的主营业务就是这方面的，所以他们办公室的电视非常多，这就导致在与三星开会的前一天晚上，负责办公室清洁的人员误以为这台电视是多余的,就把电视收走了,剩下的都是达不到最佳演示效果的4K电视。因此,负责谈判的人员到达办公室后就傻眼了。更关键的是,三星的人员马上就要到场了,再买已经来不及了。

就在大家慌乱无措之际,一个普通的基层程序员告诉他们,他看到前一天清洁人员拉走了那台电视,他怕谈判人员需要使用,所以就在没有向任何人汇报的情况下直接去隔壁的电器商城买了一台性能差不多的5K电视。就因为这一台电视,最终促成了这笔与三星的大合约。

用一台电视换取一个大合约,这就是网飞取消相关制度、释放员工善意、给员工自主空间带来的收益。因此,我想问大家一个问题:既然网飞的措施(取消报销制度和立项制度)如此有成效,为什么在如今的市场环境中,类似需要汇报、走流程的制度依然大行其道呢?为什么大家不直接学习网飞取消相关制度呢?

其实这个问题就是我想和大家强调的重点,当我们从学习者的角度去分析网飞效率高、行动力强的原因时,最重要的不是看网飞的具体行为,而是要究其根本。是否取消报销制度和立项制度根本不是问题的关键,网飞推出这些措施背后的本质逻辑和目的以及这样为什么有效果,才是真正对我们有价值的内容。

大家可以回想一下自己的经验，是不是见过因为害怕领导不同意、不批准，所以在工作时畏首畏尾的员工？是不是见过因为"需要等待领导审批"而错过大好机会的场景？再对比一下我列举的两个网飞的案例就会发现，影响事件走向的关键因素，很多时候就是员工是否有自主性。

当然需要指出的是，网飞给予员工的自主性也不是绝对的，职场中也很少存在绝对的内容。在员工报销或者自主立项时，有一个很重要的原则，同时也是企业文化的核心：网飞利益至上。只要符合这一原则，即便员工出差坐头等舱，享用很高规格的餐饮，网飞也是认可的。

因此，当员工有丰富的经验、有经过市场检验的能力和职业道德时，我们不妨减少公司层面的管控，多给予他们一些自由发挥的空间，这也是优秀人才有别于普通员工的最大价值所在。

第二章

从机械态思维
到生物态思维

机械态注重管控和规则,生物态则更强调保护和激发团队的活力,使其拥有更强的韧性和生命力,这正是当下管理者需要学习的重要课题。

从还原论到自我引用

机械态或者生物态是两种不同的企业组织形态,采用不同的"态",企业在市场中展现出的面貌就会有所不同。提到机械态或者生物态,我相信很多人脑海中或多或少都会出现相应的概念或理解,但对于两者最本质的区别,却很少有人能够条理清晰地讲出来。为了解答这个问题,我们首先要回到古代的西方,去探查一番机械态思想的起源。

机械态的由来

在牛顿所处的时代,人们对宇宙和世界的认知基本处于混沌状态,比如风雨雷电、火山地震等自然现象是如何产生的,以及是以何种原理运行的,人们都无法根据已有知识和认知给出一个合理的解释。又因为其中蕴含着人类难以抗拒的自然力量,所以当时的人们会把这些如今看起来稀松平常的自然现象加以神化,认为天上有神灵天使在操纵着世间的一切。而对一些无法理解的负面现象,比如疾病,人们则会将其妖魔化,并选择用放血疗法来驱除魔鬼。与现代严谨高效的西医不同,当时的这种医疗现在看来手段十分落后,将其称为"巫术"也不过分。

这种荒谬且不科学的治疗方式一直持续到20世纪初,当德国著名医学家、诺贝尔生理学或医学奖得主罗伯特·科赫尝试使用显微镜观察细菌,人们才慢慢开始了解微观世界,并由此逐渐衍生出了符合科学思维的医学。

这种思维在由医学界向整个科学界蔓延的时候,牛顿三大定律起到了至关重要的作用。比如牛顿第二定律:$F=ma$,它几乎可以应用于从宏观世界到微观世界任何一个人类观察到的场景。由此,人类走上了机械化的道路。

当然,这种思维上的转变并不是很彻底,传统的神话思维依旧是一股很强大的力量,比如当时十分流行的两种思维融合的结果:怀表说。受机械化思维的影响,人们把宇宙设想成为一块巨大的怀表。同时受神话思维的影响,人们认为这块表是由上帝设计制造的,因为如此精密和庞大的一个机械,依靠人力是不可能完成的。

信奉怀表说的人与那些不相信上帝的人辩论时,总是会假设一个场景：当你独自走在荒野之中，不经意间捡到一块怀表，把表盖打开，指针（也就是时间）正在嘀嗒嘀嗒地走着。请问，这样精细的设计，如果不是上帝设计出来，难道是无缘无故自己生长出来的吗？

同理，人类的各种器官，比如眼球、大脑、四肢，它们甚至比一块怀表更加精密、更加与众不同，由于缺乏有效的认知工具和科学基础，人们只能认为这些物质都是上帝精心设计出来的。即便是后世所有伟大科学家都十分敬重的牛顿，也深受这种思想的影响，成了一名虔诚的信徒。

他曾经表示：我所做的一切都是为了证明上帝是一个数学家，他用完美的数学设计了整套宇宙的结构，我只是比普通人更了解、更接近上帝。虚幻的神祇和严谨、可证伪的科学似乎是两个永远无法相融的内容，由于时代的局限性，它们同时存在于牛顿的脑海之中。

当我们跳出时代大背景，从一个更加宏观的角度去观察人类思维模式的转变过程，从神话思维到半神话半机械思维，再到机械态思维，最后到如今的生物态思维，任何一次思维升级都可以视为科技、认知、科学知识等诸多因素综合作用的必然结果。

因此，随着时代的进步，受过教育的知识分子大都不再受神话的影响，开始倾向于更加科学严谨的机械态。有一个很典型的特点就是，他们在思考一个问题的解决方法时，会将问题模块化，然后再针对某一模块进行具体的分析、解决和优化，最终综合起来就是整个问题的答案。

其中分解的过程类似于小品《钟点工》中宋丹丹讲的那个笑话：把大象关进冰箱总共分三步，第一步把冰箱门打开，第二步把大象装进去，第三步把冰箱门关上。对拥有机械态思维的人来说，这根本不是一个笑话，而是一个"把大象关进冰箱"理所应当的解决方案。把问题模块化、步骤化是典型的还原论思想，而还原论则是典型的机械态思维。

未来需要超越机械态

我以往在讲"可复制的领导力"的时候，最得意的就是把领导力与机械态思维相结合，比如把如何与人交流、如何激发员工的上进心和工作积极性、如何更加科学化地管理等问题，全部模块化，大家只要按部就班地操作便可以获得成熟的领导力，实现有效管理。这种思路之所以能够发挥显著的效果，根本原因在于，当时的商业环境属于正常世界，所有企业能力的增长、市场竞争激烈程度的增长都有迹可循，不可能突然跳跃到一个我们看不懂的层级上。

大家回顾20世纪八九十年代的市场环境，一家企业配置何种级别的首席执行官、哪个商学院毕业的MBA（工商管理硕士）高管以及怎样水平的员工，最终由这些人组成什么样的运行体系，构建怎样的文化价值观，都是有固定套路的。换句话说，这些都是机械态的。但是当周围的世界变得"疯狂"以后，很多行业的发展已经脱离了"套路"的范畴，也就变相地要求我们做出改变，以新思想、新技术、新体系构筑企业的护城河，否则就很容易进入"寒冬"。

以房地产行业为例。有一次跟冯仑聊天，他说，在当下综合的大趋势中，房地产行业绝对属于弱势群体，未来将会有一大批房地产公司倒下去。对此我非常不理解，房地产行业有那么多顶尖人才，行业的市场又那么大，怎么会是弱势群体呢？

冯仑解释道，在这个行业摸爬滚打这么多年，他发现房地产行业其实并没有核心竞争力，市场竞争的重心就是"关系"。当公司中标某块土地后，后续的操作流程便与房地产公司再也没有太多的关系了：楼盘设计交由设计院完成，盖楼施工由建设公司完成，甚至卖楼也与房地产公司无关，而是通过第三方代理销售。这就是传统房地产市场大体的情形。

没有核心竞争力也就意味着没有护城河，任何有资金的公司只要有意愿随时都能够进场。所以大家可以看到阿里巴巴、中国平安都加入了房地产竞争的行列，可以预见的是，未来会有更多其他行业的大型公司跨行参加这场竞逐。因此，对"全职的"房地产公司来说，接下来的行业生存环境会变得越来越艰难。此外，因为传统房地产行业的整体趋势是积极的，使用模块化机械态方法操作的房地产公司几乎一定能够赚到钱，由此大量的公司都乐于加杠杆，以更高的风险博取更多的利益。当机械态思维转向生物态思维，传统的方法就失去了原来的力量和应用环境，再加上政策和市场风向的改变，最终导致的结果就是，死守陈旧机械态思维的房地产公司很可能被淘汰。

从复杂体系到更多可能

房地产的生存法则由机械态转向了生物态，其他行业也是如此。生物态与机械态不同，我们在理解时，不能单纯地把生态模块化、步骤化，而是应该结合"生物"的概念去理解。

举个简单的例子。当我们形容一个孩子发育得好时，会说他生命力旺盛，相对地，如果应用机械态思维将"生命力"模块化，比如要求他们在体育运动、学习爱好等各个方面都像"别人家的孩子"一样优秀，那么最后的结果很可能是孩子的生命力被摧毁。更有甚者，他们会变得抵触学习和运动，从而变得消极堕落。

"揠苗助长"的故事相信大家都听过，禾苗是有生命力的，但这种生命力的成长需要时间和能量，是在自然规则下一种水到渠成的、连贯的结果。"揠"的过程看似加速了成长过程，本质上却破坏了它的连贯性，最后自然得不到带有生命力的"果实"。

因此，生物态的核心算法与机械态完全不同，生物态从本质上来说是一种复杂体系。美国有一个非常著名的专门做复杂体系研究的学院——圣塔菲研究所（Santa Fe Institute），其客座教授梅拉妮·米歇尔写过一本叫作《复杂》的书，对这个话题有兴趣的读者可以去看一看这本书。其他关于复杂体系较为经典的图书还包括凯文·凯利（《连线》杂志创始主编）的《失控》以及杰弗里·韦斯特（世界顶级理论物理学家、圣塔菲研究所前所长）的《规模》等。

与复杂体系相对的是简单体系，后者存在一个十分有意思的点，即所有的简单体系都依赖于极其复杂手段的支撑和保证，比如登月计划。登月绝对是一项追求严谨和细节的科学探索活动，其中的每一个步骤、每一个模块都必须标准且可控，每一个环节的数学计算都必须保证得到清晰明了的结果，甚至一颗小小螺丝钉的大小、规格也会有严格的要求，为的就是尽最大可能提升登月的成功率。

这是一个因果逻辑十分清晰的链条，也就意味着这是一套可还原的内容。如果第一次登月成功了，那么理论上，使用同样的操作，第二次也可以成功。即便失败了，也可以参照第一次的行动手册找出错误的环节，加以改正。

可追溯、可再现就是还原论的核心，也是简单体系的核心。可能有人会认为，有标准可供参考和修正不是恰恰有助于改错和成长吗？持有这种观点的人忽略了很重要的一点，即可还原意味着高重复度，有标准可参照，在工作中重现标准模板的逻辑是极其刚性的，是典型的机械态思维，这就从根源上扼杀了更多的可能性与成长性。

复杂体系正好与之相反，其赖以生存的基础都是十分简单的规律，且一般不会超过三条。

> 曾有人询问某个专门研究生物肽模拟的元胞自动机专家：现在的技术足以支撑模拟萤火虫、蚂蚁、沙丁鱼、蒲公英，那么，我们能不能模拟宇宙大爆炸？宇宙最早的发端到底是什么？这位专家给了一个特别经典的回答：我不知道宇宙的发端到底是什么，但如果它有发端，一定不会超过三行代码。

有一本书叫作《起源》，它讲的主要内容就是138亿年前的宇宙大爆炸。天文学家能够用天文望远镜观察到大爆炸之后一秒钟之内遗留下来的信息，其中包罗万象。但是这一秒之前，即爆炸之前，一切都只是一个点，我们对此一无所知。从这个角度来看，老子的理念"有生于无"无疑是符合科学现象的。

宇宙爆炸发生之初，宇宙之中只有氢和氦两种元素。在这之后的几十亿年中，两种元素受力的影响不断发生作用，恒星由此诞生；然后恒星死亡，坍缩形成高温高压环境，在这个过程中，锂、铍、硼、碳、氮等元素诞生，恒星坍缩后成为黑洞。在死亡和新生不断交替的过程中，出现了一个极为与众不同的星球——地球，而且孕育了适合人类生存的环境，其中最为关键的元素就是氧。

为了帮助大家理解在茫茫宇宙中地球出现的概率究竟有多低，我给大家假设一个场景：在一块平地上摆放好沙子、水泥、钢筋、电线等建筑材料，然后往其中扔一颗手雷，"砰"的一声过后，一座"三通一平"（水通、电通、路通和场地平整）的大楼就呈现在了我们面前。因此，把地球的出现描述为一个奇迹中的奇迹丝毫不为过。

地球出现之后，地球上的元素同样在力的影响下不断发生作用和迭代，最终形成了我们认知中的世间万物。

以人类的进化链条为例，最开始我们只是原始汤[①]中

---

① 20世纪20年代科学家提出的一种理论，认为在45亿年前地球的海洋中产生了存在有机分子的"原始汤"。

一个大分子，通过不断地组合、作用，变成了水中的鱼、青蛙，此后登上陆地变成老鼠、原始哺乳动物，然后才变成课本上记载的猿类，最终变成人。

这样一个漫长的过程，其中有三条至关重要的规律：遗传、变异和选择，它们共同作用让我们从一个大分子奇迹般地变成一个人，规律的数量也完美符合复杂体系生存的基础条件。

如果我们把视野从人类进化史聚焦到某一个具体的人身上，那么以上三条规律的作用就不再明显，这时候生物态中最核心的一个算法——自我引用，开始展现其影响力。

每个人的成长都有其独特和不可复制的特性，换句话说，我们从来都不会按照某个"模板"成长。而且在人的本性中，我们是抗拒他人给予的人生规划的。以学习为例，很多大学生只是在考试之前拼命学习知识，但在考试之后却迅速将知识忘掉，进入职场之后更是把所学全部还给了老师，这其实就是一种对他人"安排"的反击，当然这也会导致一个结果：没有任何坚实的知识积累，究其根本原因便在于不会自我引用。

同样是学习，在真正进入工作环境，接触新的知识之后，我们天天都会有新的收获。两种结果的区别就是自我引用，在工作中学习到的知识几乎每天都会重复使用，而且第二天在第一天的基础上更进一层，如此循环往复，实现不断成长。

从维持稳定到寻找亮点

机械态的特点就是前后具备因果关系，整个逻辑链条存在很强的耦合关系。因此，当我们试图维持某一个机械态系统的稳定性时，最重要的方法就是根据前后关系找到破坏稳定的那个环节，加以修补。

比如，当我们的汽车突然间无法正常行驶了，那么一定是因为某个零部件坏了，最有效的方法就是不断地找错，替换其中有问题的部分。再比如，某一个计算机程序无法运行了，很大的可能就是出现了程序错误，我们只需要在编程软件中定位到逻辑错误的代码，改正即可。

然而在处理复杂体系，即生物态系统时，不断试错、找错的方式便不再适用。以人的成长为例，其实人的一辈子一直就是在不停地寻找 bug，然后不断地改正。可即便如此，他人依旧能从我们身上挑出许多毛病，有的毛病可能我们终生也难以改正，有的毛病则是全新的。

之所以出现问题层出不穷的状况，是因为当我们为了解决某个问题找到了一个方法时，大多数情况下会导致更大的、更麻烦的问题。为此，我们就需要再找一个更大的方法，由此陷入恶性循环，引发更多矛盾和问题。

忽视问题，放大优点

大家可能也注意到了一个现象，即现在很多人活得越来越累、越来越辛苦，根本原因就在于他们太过纠结于解决问题。在这部分人的认知里，生活就是一个简单体系，只要能够修补好发现的错误，人生就会变得很美好。然而我们已经强调过了，人生是一项带有生命力的内容，属于复杂体系，从来都没有既定的轨道，也没有标准答案让我们参照着去修补。

反观那些生活得十分惬意的人，他们的特点是不把问题视为问题，而是从自身出发，提升自己的生活层次，走向另一个优势方向，这时候问题已经不会影响他的生活了。也就是说，问题依旧存在，但它已经不再重要。这是一种十分有意思且值得借鉴的解决问题的方法和思路。

我在央视工作期间,第一次参加主持人服装培训的时候,我们的服装顾问说了一句让我至今都记忆犹新的话。他说,一个人穿衣服最重要的原则不是去遮掩自己的缺点,而是要放大自己的优点。

这句话说明白了一个特别朴实的道理:缺点就如同人生中遇到的问题一样,通过衣服遮掩身材的缺点,只不过是一种我们认为有效的解决方法,但是他人依旧能够看到这个缺点,这样反而显得欲盖弥彰。反过来,当我们降低缺点或问题在自己心中的分量,转而充分凸显自身的优点,他人的关注点就会从缺点转向优点,从某种角度来说,问题就已经被解决了。

"忽视问题,放大优点",不仅是解决个人问题的有效方法,全体生物的进化史其实也证明了这一方法的优越性。根据达尔文的进化理论,生物发展史的特点可以总结为8个字——"物竞天择,优胜劣汰",那些在进化、变异的过程中出现问题的生物,最终都会因为无法适应环境而被淘汰。生命体系没有试图"改造"不良基因,它的重点是保留优良基因,即"忽视问题,放大优点"。

同样是以人类的进化史为例。大家可能不知道,在远古的地球上曾经存在过多种人类，比如直立人（北京周口店的"北京人"）、尼安德特人、智人（我们）。不同于如今按照肤色或者其他标准区分的人，他们是物种进化过程中演化出的人类。他们之所以被当今世界遗忘，原因很简单：这些人类灭绝了，除了化石和相关文献，他们已经消失在了历史的长河之中。

对现存的智人来说，其他人类的消失或多或少有些戚戚然，但是对于整个自然界、对于地球、对于极其缥缈的"天道"，物种的新生与灭绝不过是"忽视问题，放大优点"的必然结果，根本没有感时伤怀的必要。《荀子·天论》中有这样一句话，"天行有常，不为尧存，不为桀亡"，讲的就是这样的道理。

以柔克刚

自然界不会为了优秀的基因而强行干预物种的演化过程，只要遵循生物态思想，最终得到的就会是一个拥有强大生命力、可以生生不息的成长体系。

再说回商业环境，一家企业的理想生长状态就应该靠近自然界规律，以"亮点"引导公司发展，而不是从最初便致力于成为一家机械态公司。如果我们任由机械态思维在企业内部扩散，比如公司发展到一定程度后就开始"认死理"，不会随趋势的改变而变通，那么最后的结果往往是事与愿违。

一个比较典型的案例就是诺基亚。诺基亚最初是一家从事木材行业的公司，如果它最初的愿景是成为全世界最大的木材供应商，也是有很大概率成功的。但是随着时代的发展进步，诺基亚抓住了移动通信工具的机会，公司的重心也随之发生了改变，完成了紧贴时代脉搏的转型。

公司的形态归根到底体现的是领导者的思维形态。一家机械态的企业，其领导者必然是机械态思维的人。一般而言，他们的生活会因为各种极其刚性的目标变得特别糟糕，进而影响到公司的发展。从这个角度来说，不管是个人的生活还是公司的发展，我们都需要柔性的生物态的思维和智慧。我可以给大家举两个对比案例，一个是李白，他代表了机械态的刚性思维；另一个是苏轼，他代表了生物态的柔性思维。

我阅读过很多关于李白人生轨迹的传记，也进行过仔细的思考，最终得出一个结论：李白最大的问题在于，他过早地给自己的人生制定了框架或者说目标——封侯拜相，想要成为影响人类历史进程、留名青史的人。这是一个十分典型的刚性目标，所以他的一生都在为这个目标奔波，过得十分坎坷。

相较于从政治国,李白作诗的天赋更为显著,大家更熟悉的也是他的诗歌作品,而非远大的抱负。但是诗歌领域的伟大成就并不能弥补他在政治领域的失意,传唱了千年的"仰天大笑出门去,我辈岂是蓬蒿人",也不过是他聊以自慰的骄傲。李白曾评价自己是一个"文丐",即卖文为生的乞丐,足以证明其郁郁不得志的纠结与难过。最终,一代"诗仙"的人生在目标与现实的巨大落差中遗憾落幕。

反观文学成就同样出类拔萃的苏轼,他从来没有给自己下定义要成为怎样的一个人,正是因为这种不设限的思维,反而使得苏轼在诗、词、散文、书、画等多个方面取得了超高成就,同时在政治领域也获得了"文忠"的谥号。原因在于,苏轼更多的是跟着生命的轨迹走,而非尝试扭转命运。他不断地寻找人生中的亮点,反过来再用亮点主导人生。

没有限制,人生才有无限可能。当然,我也需要强调一点,案例中提到的目标、框架、限制,展现的都是机械态思维中的含义,即一成不变、不愿改变的目标。反过来说,任何一家公司都需要目标或者框架,但是要用生物态的思维去理解和制定,其实这就是一种发展方向。我们在经营一家企业时,如果没有方向,发展也就无从谈起。

人的成长与企业的发展一样，一定会遇到各种各样的bug。使用何种方法和态度去对待bug，是制定刚性方案解决它，还是"忽视问题，放大优点"，以亮点引导发展，对企业而言就显得尤为重要了。

让组织实现"幂次法则"

在生物态的典型特征中,极其重要的一个原则就是自我引用,这是造就幂次法则(如图2-1所示)最本质的原因。

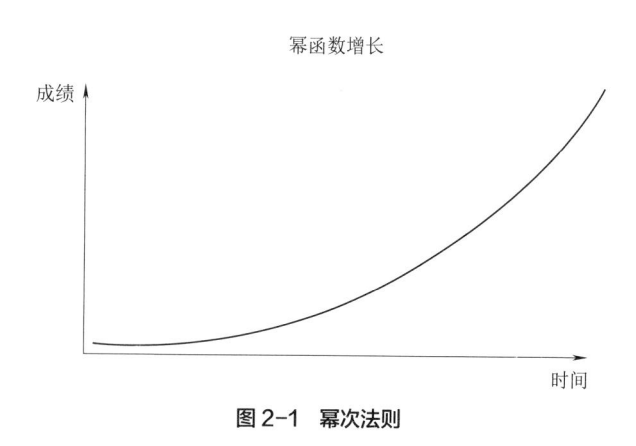

图 2-1 幂次法则

有蛰伏期的坚持，才有腾飞期的转折

幂次法则最显著的一个体现就是摩尔定律：每隔 18 个月，芯片产品集成电路上可以容纳的晶体管数目便会增加一倍。如果相关技术不出现瓶颈，芯片的大小就会由如今的几十纳米缩小到两纳米的级别，性能也会大幅度提升。

芯片之所以能够按照幂次法则实现如此跳跃式的发展，根本原因就在于它成熟地运用了自我引用原理。当我们研发出第一代芯片后，第二代产品就能够以此为参照进行性能提升，第三代产品再以第二代芯片为基础进一步研发、提升。总结来说就是，上一阶段的发展成果是本阶段发展的起点，这是幂次法则最本质的核心。

硅谷创投教父、PayPal 创始人彼得·蒂尔在他的著作《从 0 到 1：开启商业与未来的秘密》中向我们传达了一个概念，即绝大部分普通人对这个世界都有一个想当然的误解：世界是正态分布的。所以大家一定要记住图 2-1，并且要深入地思考，因为其中蕴含着宇宙的大量秘密，比如世界是幂次分布的。

幂次分布有一个十分重要的特点，同时也是生物态组织的一大特点，但是在它们发迹之初，我们很难注意到。即使发现了它们的存在，也很少有人能够捕捉到其价值。而等它们大放异彩的时候，我们就已经跟不上它们的发展节奏了。人类历史上有很多这样的案例，比如弓和弩。

有研究资料表明，秦朝之所以能够消灭六国实现统一，有一个很重要的原因就是他们招揽了大量墨家人员，比如江湖上的侠客。这些人给秦国带来的最大改变在于教会了秦人使用弩。在当时的时代背景下，各国的武装力量多以弓为主，没有人在意弩的存在。因为以春秋战国时期的工艺来说，弓的有效射程比弩要远很多。而且在训练有素的战士手中，弓比弩更精准，威力也更强，所以弩难以取代弓在军队中的位置。

但是秦国注意到了弩作为进攻武器时弓所没有的一个优点：易用性，也就是说，即便一个没有经过任何军事训练的普通人，也能用弩轻易地消灭敌人。由此，秦国因为弩的易用性，轻轻松松比其他国家多出了很多具备强大杀伤力的部队，为完成秦之统一大业奠定了强大的武力基础。

正是弩和弓之间看起来十分细微的区别改变了整个历史的进程，其本质就是弩价值的幂次呈现。同样是武器，火枪从发明到兴盛的过程更加清晰地体现出了幂次法则对人类、对世界的改变。由美国哲学学会会员、美国艺术与科学院院士刘易斯·芒福德撰写的《技术与文明》一书对这一进程进行过介绍。

古代军队有两项极其重要的基础力量：武士和武器。其中武士可以理解为如今的常备军队，普通人是没有资格参加战争的；武器则是冷兵器，比如刀、枪、弓箭等。

因为受到技术和时代认知的局限，火枪在最初被发明出来的时候，并没有获得大家的认可和重视。在军队武士的认知里，火枪不仅模样古怪，而且还无法在阴雨天气使用，完全是一件鸡肋武器。更关键的是，它不符合武士精神。相较于火枪，已经经过时间和残酷战争验证的冷兵器才是战争对抗的首选。

然而随着科技的进步，火枪迅速更新迭代，等到西方带着更先进的火枪大炮野蛮地打开清朝国门的时候，我们才真正意识到火药可怕的威力。资料表明，其实清朝也拥有大量先进的热武器，只是没有得到清政府的重视和应用，最终落得一个丧权辱国的可悲下场。

符合幂次法则的事物往往会以"突如其来"的形象展现在世人面前，然而当我们深究其发展历程时便会发现，原来它已经经过了很长时间的积累。出现在我们面前时，只不过是积累完成后自然而然的一个结果，比如案例中的火枪大炮，再比如当今社会中的各路网红。

很多人都认为网红是一夜成名的，靠的完全是运气，其实不然。以我个人为例，在成为网红之前，我一直在小范围内读书，写读书笔记，这是一个酝酿、积累能量的阶段。直到技术成熟，我开始使用视频、音频的方式大范围、低时延地传播，这一阶段就是幂次法则图形中曲线开始上扬的开始。幂次法则之所以符合生物态思维，就在于它从蛰伏到腾飞的过程符合生物发展规律。

用情感催生幂次曲线

利用幂次法则实现人生或企业转折的关键在于前期的积累与蛰伏。我曾听很多人抱怨自己的人生平平无奇，毫无起伏，认为自己一辈子都会如此浑浑噩噩地度过。可是当深入沟通后我发现，他们中的大部分人都不懂得坚持，哪怕只是遇到短期的挫折，也会因为感到绝望而放弃。正如大家都很熟悉的那个挖井的故事，如果每次挖掘都是浅尝辄止，这样的人怎么可能挖到水呢？最终留下的只有满地的坑。由此可见，坚持是成就一番事业的必备条件。

当然，在看不到希望的黑暗期，坚持也不是一件易事，它需要一种十分重要的养料：爱好。《论语·雍也》中有一句名言："知之者不如好之者，好之者不如乐之者。"讲的就是爱好的重要性。大家可以去观察那些穿越周期的人，绝大多数都是对自己的事业充满热情的人。比如刘慈欣写《三体》，如果有人试图以任何理由去说服他放弃，肯定都无法成功。

爱好对一个人的成长极其重要，它是反脆弱效果十分显著的工具之一。以樊登读书为例，读书是我的爱好，如果能把爱好发展成事业，即把樊登读书做成功，那么自然是人生一大美事。当然，如果失败了，我也能够坦然接受。

把爱好视为事业，做到极致便是我们十分推崇的工匠精神。关于工匠精神，我给大家推荐一部由大卫·贾柏拍摄的纪录片《寿司之神》，讲述的是"寿司第一人"小野二郎终其一生追求完美寿司的历程。这位老人一辈子都在勤勤恳恳、认认真真地做让自己满意的寿司，或许是因为投入了太多的感情，即便客人在吃寿司的时候不认真、顺序错了，小野二郎也会很生气地训斥他们。

> 我曾和一个朋友去过小野二郎的店，因为知道他的脾气，所以上餐后我紧张得连话都不敢说。朋友和我讲：这个寿司是有呼吸的，所以会上下浮动，你得等章鱼的呼吸下去的时候再吃。

这些人之所以能够成为匠人，具备工匠精神，核心原因就在于他们沉浸其中，乐在其中。这种精神和态度如果应用到营销、产品、技术等公司的各个经营环节中，不仅效率会有大幅度提升，质量也一定有保证。对个人来说，如果能够具备这种精神和态度，进步的速度也是最快的。反过来，如果只是抱着完成考核目标，或者迎合老板的评价等目的，必然无法全身心地投入其中，也很难做出让他人眼前一亮的成就。

如果我们更进一步地思考工匠精神，会发现它其实也是符合幂次法则的。匠人对自己的作品投入了大量的感情，也担负着很大的责任。也就是说，如果一件作品无法让他们自己满意，那么一定不会出现在大家面前。换言之，这些大师会经历十分漫长的能力、经验和情感的积累过程，当量变引发质变，就是腾飞的转折。

人生如此，一家生物态企业也是如此。但企业与人的不同之处在于，前者需要一个大前提，那就是在市场竞争中存活下来，而最有效的方法就是反脆弱。相信大家都能观察到一个现象，很多互联网行业的公司兴起得快，衰败得也快，原因就在于它们很多都是在赌，赌自己的运气能够契合市场变化趋势。但谁都明白，这种模式是极其脆弱的，稍遇风雨就很可能会前功尽弃。

在这种脆弱的基础上，任何生物态模式都无法健康生长。相对地，一个健康的生物态企业的基础应当充满情感和可能性，如此才能反脆弱，进而实现幂次成长。

日本有一家网红书店，名为茑屋书店，创始人增田宗昭就是一位充满情感和各种可能性的人。他在新开每家分店之前，都会在目标地段进行深入的实地调研，但是他的调研方式却十分"不专业"。增田宗昭不会收集冷冰冰的数据，而是会展开情景式的想象。比如想象自己是附近一个刚刚放学的小姑娘，路过此处时会希望看到一家什么样的商店；再比如想象自己是一位享受退休生活的老人，会希望此处有一个什么样的商店。以此类推，他会把自己带入每一个路过此处的人的形象之中，尽可能去发掘他们的情感和喜好。

人是一种情感动物，对方付出真情实感，我们肯定能够感受到，反过来也会对对方产生好感。这就是茑屋书店大受好评最主要的原因。

至此，我们可以总结出一家生物态企业的三个典型特征：第一，不断地自我引用，也就是合理利用已有的经验，在经验的基础上更上一层楼；第二，穿越周期，它是企业生存的前提，没有生存其他的都是空谈；第三，反脆弱，穿越周期依靠的就是反脆弱，而反脆弱的一大重点就是投入感情，让自己，也带领着客户一起沉浸其中，共同推动幂次曲线。

生物态组织发展需要好的模因

所谓模因,就是模式基因。它对一个组织的作用就如同基因对人的作用,从这个角度来说,人是基因的产物,组织则是模因的产物。拥有好模因的组织将会不断壮大,反之则会在市场竞争中不断萎缩,直至消亡。

好模型是所有可能性的前提

大家都知道,人类科学的终极命题之一就是解开遗传基因的秘密,如此就能掌握所有与生命有关的信息,比如各种疑难杂症,再比如生老病死。人类的遗传信息几乎都存在于细胞核内染色体的基因中,人与人之间的区别,本质上就是基因不同的排列组合形式造成的。换句话说,基因决定了一个人的所有特征,同理，模因则决定了一个组织所有的可能。

从生物学的角度来说，基因是无意识的，它不会根据生物体的需要专门组合成优良的遗传信息。

与大家所熟知的把巢穴建在高处的其他蜂类不同，地蜂的巢穴大都在地底，这也是它们名字的由来。地蜂有一个奇怪的特点，就是每次捕捉到食物，带回来喂养幼蜂时，总是会把食物先放在洞口，再进入巢穴之中检查一遍，之后才会把食物拖进去。这对地蜂来说似乎是一套固定的必须完成的动作。

对此，有位生物学家感到十分好奇，于是便做了一个实验：当地蜂把食物放到洞口，进入巢穴检查之时，生物学家便把食物拿走了。等到地蜂出来发现食物不见了，便重新开始出去寻找食物，然后再把食物放在洞口，进入巢穴重复检查的动作。这时候，生物学家再次把食物拿走。接下来，地蜂又开始重复刚才的一系列固定动作：外出觅食，放到洞口，进巢穴检查……

如此循环往复做了很多遍尝试，到最后，这位生物学家甚至都产生了疑惑：这就是生物吗？它看起来完全就是一个有固定代码逻辑的机器，否则很难解释它这一系列死板的行为。

从这个看起来十分简单的实验中，我们可以得出一个结论：一个生物体的基因，或者一个组织当前的模因并非最佳选择，甚至可能是一个负效率的选择。以人类为例，其实人类的生活中也有很多与地蜂类似的固定模式，只不过我们身处其中很难主动发觉。如果跳脱出人类的思维和视角再来观察人类，可能也会产生如同那位生物学家一样的疑惑。

加拿大多伦多大学应用心理学和人类发展科学荣誉退休教授基思·斯坦诺维奇在其著作《机器人叛乱》中向我们阐述了一个真理：基因或模因存在优劣之分，它们会决定一个人或者一个组织进步或退步的行为。

一个典型的良好模因的例子就是孔子，证据就是他的思想和他说过的话，比如"君子不以言举人，不以人废言"（《论语·卫灵公篇》），强调的是批判性思维；"君子和而不同，小人同而不和"（《论语·子路篇》），倡导人们尊重彼此之间的不同；"君子泰而不骄，小人骄而不泰"（《论语·子路篇》），则是指导人们加强个人修养。当我们遵循孔子的指导，身体力行践行其理念时，就会慢慢地融入社会之中，和谐地与周围的人相处，即便大家的想法不同、肤色不同、理念不同。

一个好模型会让我们爱自己、爱他人，不断地从周围吸取知识和总结经验教训，完成实质性的进步。孔子可以称得上是上古智慧的集大成者，以他为起点，经过后续各个伟大先贤的加工、沉淀，最终形成了我们今天学习到的文化和传统。

有一次我去参加世界汉学大会，采访与会的汉学家。其间我提了一个问题：中国文化对当下这个世界最大的贡献到底是什么？得到的答案概括起来就是两个字：和谐。他们解释道，中国文化提倡的和谐是建立在彼此尊重不同的基础之上的。

一个十分典型的案例就是犹太人。我之前讲过与犹太人有关的图书，犹太人在全世界流浪，其中也包括中国。迁移到中国的犹太人可以分为两部分，一部分主要聚集在河南，另一部分在上海，如今上海市中心还保留着犹太人聚集地的遗址。

在来到中国之前，不管走到哪个国家的哪一块土地上，犹太人都会保留自己民族的特色，比如头戴小帽子，留有大胡子和辫子。唯独迁移到中国的犹太人完全被同化，成为地地道道的中国人。原因在于，中华文化具有很强的包容性，能够接纳其他文化的不同，且与之和平、和谐地共处。久而久之，这一小部分犹太人就融入了中华文化。而具有包容性的中国文化就是一个良好的、具有感染力和影响力的模因。

和谐与合作决定了模因最终的价值

中华民族的传统文化是一种模因，组织内部的文化同样是一种模因。我们在衡量一家公司是否与自己匹配时，文化是一个极其重要的评价标准。一个积极包容的文化环境会发挥强大的容纳作用，同化其中所有人员，使得大家心往一处想、力往一起使，从而共同推动组织的发展和进步，而相悖的文化则很可能会拖累组织成长。

如今有很多公司在倡导狼性文化，然而最终的结果却往往是组织内部人心背离，彼此恶性竞争。因为狼性文化提倡的是竞争和淘汰，从一个企业员工的角度来看，保证自己优胜并淘汰其他成员最有效的方法就是"我会他不会"。

> 相信大家上网时都看过一个段子：两个学生在考试之前都对彼此说："这次考试怎么办啊？我一点都没复习。"结果一个人考了高分，另一个人却不及格，因为考高分的人偷偷学习却没告诉其他人。

当组织成员的脑海中充斥着竞争思想，一定会导致大量的恶性内耗，而且会导致团队的氛围变得十分紧张，和谐顺畅的合作自然就无从谈起。这并非一个追求卓越的有效途径。如果大家仔细观察市场中常见的有说服力的成功案例，会发现几乎所有的成功都来自合作，而非淘汰他人。因此，合作的能力才是职场中最重要的能力。

关于淘汰，有很多人认为"末位淘汰"制度是生物态的，因为它很像生物界的"优胜劣汰"。但我可以十分肯定地告诉大家，这种制度不符合生物态思维。当企业执行末位淘汰制度时，大多数情况下是以业绩作为参考指标，可是我们无法确保的一种情况是：某位成员今年的业绩不理想，明年的业绩就一定不理想。换句话说，企业是在否定这些员工的潜力和未来的可能性。比如，当一个人处在幂次法则的蛰伏期时，其业绩一定不会特别出众，如果此时将之淘汰，那我们错过的就是一个可能腾飞的优秀人才。

如果企业简单化地把生物态理解为末位淘汰，一定会导致人人自危。很多人会因此放弃做长远的规划和努力，只会为了应付眼前的业绩竞争，而专注于短期内能够让管理者看到结果的工作。长此以往，组织也就失去了成长的活力。

从市场经验来说，之所以存在大量走不出第二曲线的公司，最大的一个原因就是这些公司没有正确认知生物态和公司内部竞争的关系。比较常见的一种情形是，组织以 KPI 或者财务报表作为一名员工、一个部门最终的考核标准，如此一来，所有人都会被业绩绑架，组织自然得不到长期有效的发展。

相较于末位淘汰，适者生存则是符合生物态文化和模因的。其中的"适"指代那些能够给组织带来活力和不同想法的新鲜血液；相对地，"不适"指的则是那些破坏组织生态，与组织的精神文化相背离的人。所以,适者生存是提高人才密度十分重要的一项制度或者措施。曾有人力资源专家做过一个有关"人才密度"的实验。

人力资源专家找来20个人,组成两个10人的团队来完成两个同样难度级别的大型拼图,并在其中一个团队中安排一个"坏人",专门负责说风凉话、捣乱,旨在破坏团队的合作。人力资源专家希望通过最终的结果来评测两队的用时差距,也就是效率差距。

最终这个实验得出的结论是,只要团队中有一个人消极怠工,整个团队的效率以及最终的业绩就会出现十分明显的下滑。原因主要有三个:

第一,给其他人树立了错误的参照标杆。受到消极怠工员工的影响,团队中其他人的自我定位很可能会出现偏差,不由自主地会想到"有一个人垫底,我就不会被淘汰",从而在无意之中产生懈怠情绪。

第二,会消耗团队领导者大量的管理精力。因为领导者会不断提醒他,或者想办法提升他的积极性,否则他就会一直捣乱,从而拖累整个团队的工作效率。

第三,会严重影响组织士气。对团队内部的其他人来说,除非有很强的定力，否则一定会受到他人消极态度的影响，进而打击自身的工作积极性。长此以往，整个组织的模因都会出问题。

文化是模因，各个成员也是模因，组织中的任何一个元素都可以视为一个影响组织运转的模因。领导者最重要的工作之一就是打造、构建、挑选、梳理组织内部的模因，使它们从劣质或者平庸向着优秀转变，协调它们之间的关系，使之平衡与和谐共处，齐心协力推动一个生物态组织的发展。

好模因的两大特征和三大支柱

生物态的内核是模因,我们追求的是模因不断更新迭代、不断进化壮大,然后引领生物态组织持续发展。那么,打造或者构建一个优秀的模因就显得尤为重要了。

优秀模因的两大特征

要解决这个问题,首先就要理解优秀模因的特征,在我看来,这主要包括以下两点。

(1)尊重常识,正视权威

中国过去有一大批十分著名的民营企业,最终都消失在市场的历史长河中,或者局限到了一个很小的领域之中,几乎没有了东山再起的可能。其中最直接的原因就是,这些企业充斥着机械态思维，几乎所有的指令和经营动作体现的都是领导的意识。以权威为指导，会导致组织内部形成一个内卷化的模因，它明显是一个非良性的模因，并不符合时代和生物态组织的需求。

权威是刚性的，它会使人陷入盲目，从而忽略对局势和形势的判断，得出的结论自然也是片面的、不准确的，基于这样的结论做出的决断很可能会带领组织走向灭亡。更为合理的做法是尊重常识，比如尊重市场环境、时代大局势、基础科学等，允许大家理性自主地思考、判断，群策群力才能打造一个柔性的生物态组织。

著名冷战史学家和大战略研究家，被《纽约时报》称为"冷战史学泰斗"的约翰·刘易斯·加迪斯写过一本书，名为《论大战略》。在作者看来，伊丽莎白、林肯等伟大人物之所以能够不犯大错误，取得令人仰慕的成就，很重要的一个原因就是他们足够尊重常识。除此之外，如果大家对拿破仑有过深入的了解和研究，就能够更加明白柔性常识与刚性权威对一个组织产生的天壤之别的影响。

拿破仑是一个极爱读书的人，在军校上学时，其他军官都会在业余时间选择打台球、喝啤酒，他则会独自一人到图书馆读书。在军校期间，拿破仑阅读了大量的图书，尤其偏爱地理，甚至连对他来说"远在天边"的中国的地理知识,他都有所研究。

凭借对敌国地形地势知识的掌握,拿破仑在作战之前就已经获得了无形的巨大优势。以对意大利作战为例,他清楚地知道,作战的路径上有多少个谷仓和磨坊,生产多少米面才能供给部队进军所需。同样,他对自己的部队有多少人、有多少武器装备也是一清二楚。知彼知己,百战不殆。所以拿破仑的军队成功地攻克了诸多敌对国家的防守线,建立了一个强盛的帝国。

但是在加冕称帝之后,拿破仑的野心急剧膨胀,他觉得整个欧洲大陆都应该臣服在自己脚下,于是不顾亲信的劝阻,也忽视了在冰天雪地中不利于己方作战的客观事实,做出了进攻俄国的决定。野心膨胀下的拿破仑已经不再尊重常识和知识,信心满满地认为冬天之前一定能拿下莫斯科,但最终惨败而归。

人们常说"前事不忘,后事之师",可我们如今还是能够看到许多企业,在经历了短暂的辉煌之后终归于长久的沉寂,原因就是在追逐成就的过程中失去了初心,忘掉了最初的谦虚和对常识、知识的尊重。

拿破仑一生的经历和诸多现实市场中的案例,都是对我们一个很重要的警醒。当保持谦逊和对常识足够尊重时,企业更容易取得成就。面对成就，我们可以庆祝，但不能过早地给自己定性，否则很可能会被这个快速变化的时代所淘汰。

在正常世界中，常识可以沿用很多年，所以才会出现"一招鲜吃遍天""铁饭碗"等现象。拿破仑早年间学习到的地理常识和战术理解，大都针对的是气候温和的欧洲，但是却不适用于"疯狂世界"状态中天寒地冻的俄国大陆。当局势和时代不断颠覆时，对常识最大的尊重就是紧跟变化，持续获取新的知识和理解，做出全新的符合时代需求的判断。这也是反脆弱的一种体现。

从生物态的角度来说，它同样要求我们不断完成自我颠覆，如此才能保证模因健康持久的生长活力和更大的包容性。

（2）变化才是常态

《礼记·大学》教导过我们一个为人处世的道理："苟日新，日日新，又日新。"这要求我们勤于自省，动态地更新思维和认知，也就是保持一个柔性变化的生物态状态。

斯宾塞·约翰逊曾说："唯一不变的是变化本身。"所以变化是一种常态，而如何从正确的角度认识身边的变化，带领组织模因进行适宜的变革，是我们需要面临的一大挑战。宋朝有两个对比鲜明的皇帝，宋徽宗和宋仁宗。当时的老百姓对宋徽宗的评价是：样样精通，唯独不会做皇帝；对宋仁宗的评价是：百事不会，唯独会做管家（管家即皇帝）。之所以会出现两种正反对立的评价，最大的原因就是他们二人对组织，即如何领导国家的理解不同。

宋徽宗即位之后，完全忽视了国内局势的变化，生硬地照搬照抄了父亲宋神宗推行的"王安石变法"中的所有内容，大范围打压反对变法一派的元祐党人（司马光、苏东坡等）。后又因为追求享乐，制定花石纲（中国古代一种特殊运输交通的名称，专门用来运送皇帝喜爱的奇花异石），最终造成民不聊生、民怨沸腾的局面，各地起义此起彼伏，间接导致了北宋的灭亡。

相较于宋徽宗的刚性施政，宋仁宗则柔性、"善变"很多。他最大的施政特点就是没规矩，比如包拯可以因为某个问题拉着他的袖子跟他争辩。虽然他会因此大为恼火，但也知道言官不可杀。如果包拯的意见或观点是对的，他也会积极采用，由此保证了组织模因的变化性和活力。也因为朝廷的包容性，所以宋仁宗时期会出现欧阳修、司马光、范仲淹、苏东坡、曾巩等历史名人。

当一个组织，即便是一个很小的团队，如若出现了权威思想和个人崇拜等刚性死板的内容，也一定会拖累组织的发展和进步。因为死板的内容往往意味着不易改变，这种特性是与时代发展不相融的。如果我们想要跟上外在环境的种种变化，就一定要保证组织模因的开放性、进步性和包容性，健康的模因才有助于组织完成更新迭代，进而实现幂次法则。

生物态模因的三大支柱理念

生物态组织及其核心模因都属于典型的复杂体系，其支柱规律可以分为三个：理念、方法论和技术，当这三个层面合理地结合起来，整个组织和我们的领导力也就可以顺畅地运转起来。

我的《可复制的领导力》这本书，关注的是技术层面的内容，比如如何与他人沟通，如何使开会更有效率、更容易拿到结果等。在这本书中，我会告诉你如何熟练运用理念、方法论、技术三大支柱，赋予任何一个员工、任何一个团队、任何一个组织以强大的生命力，使其自发地生长进步。

其中最核心的理念有三个：共同进化、为人为己、批判性思维。

（1）共同进化

组织需要建立一个认知，即相信员工可以与公司共同进化。分解来看，公司的发展其实在很大程度上可以视为所有员工进步的集合。如果我们将每一名员工视为一个优秀模因，推动其进化，那么最终也可以促使公司进化，也就达成了共同进化的目的。

（2）为人为己

为人，指的是我们为社会这个大整体工作；为己，则是指我们为自己工作。根据奥地利心理学家阿尔弗雷德·阿德勒在其著作《自卑与超越》中所阐述的观点，一个人终其一生就是不停地在寻找两样东西，分别是归属感和价值感，这也是"为人为己"理念强调的两种价值。如果我们在某个组织中无法获得归属感和价值感，便一定会觉得无依无靠，进而感到恐慌。而恐慌的根本来源是我们天然的自卑感。

> 罗伯特·戴博德在其著作《蛤蟆先生去看心理医生》中虚构了一个故事：苍鹭先生是个心理医生，在给蛤蟆先生做心理咨询时让后者想象一个空间，这个空间中只有蛤蟆先生和他的父母，苍鹭先生问他此时会对父母产生怎样的感受。

这个故事的意义在于，它指导我们思考父母对孩子产生的潜在的、不易察觉的影响。当父母在孩子面前表露出消极的一面时，比如生气、吼骂、挑剔、指摘等行为，会导致孩子的行为随之产生扭曲和调整，这叫作适应态，同时也是天生自卑感的起点。

这种自卑感几乎是无法避免的，因为人类在刚来到这个世界时是极其弱小的，并且在之后很长一段时间里都属于家庭关系中的弱势一方,需要被保护、被认可。有心理学家研究过,成人的行为,比如锻炼强健的肌肉、表现得强势或者努力挣很多钱,一定程度上就是为了克服自己内心的软弱,解决天生的自卑感。

然而这些方法的效果并不是很显著,我们总会碰见更强壮、更强势、更富有的人,这便很难从根源上解决强弱对比带来的自卑感。因此,最有效的方法不在于比他人更强大,而是融入社会。阿德勒在书中写道,我们只有把个人价值与社会价值融为一体,才能真正获得内心的平静。也就是说,当我们在一份工作中收获个人价值时,也应当思考这些价值最终能为社会带来哪些改变。孔子强调的"智、仁、勇"三德,即"知者不惑,仁者不忧,勇者不惧"(《论语·子罕篇》),其核心也是如此。

(3)批判性思维

批判性思维可以让我们尽可能公平公正地对待身边的人与事,不会过度地维护与己有利益关系的组织,也就避免了部落效应。

> 一个很典型的案例就是网飞。网飞有一条特别耐人寻味的准则,即部门资金或者个人奖金会全额发放,从来不会设置任何考评标准。按照市场大部分组织的共识来说,比如给某位员工100万美元的年薪,一般都会以业绩作为考核指标,并且以"考核+提成"的方式发放,认为这样

才会起到激励员工的作用。但在网飞，只要员工不离职，100万美元的年薪就一定能给到员工。

很多人对此都无法理解，甚至产生疑惑：如果员工拿到钱不努力工作怎么办？其实他们严重低估了一个优秀模因，即一个优秀生物态人才的上进心和追求。网飞之所以敢于给某位员工高薪，是因为他们具备同等的价值和潜力，如此出色的人才也不会甘于当前的成就和报酬。对他们来说，宏大的目标和成就远远比金钱更有吸引力。

在网飞的理解中，阶梯式提成的薪资方式会因为难以达到绝对的公平而导致人与人之间产生间隙，进而形成部门孤岛，造成严重的部落效应。这是网飞不愿意见到的。孔子所讲的"放于利而行，多怨"（《论语·里仁篇》，简单理解就是：如果依据个人的利益去做事，会招致很多怨恨）一针见血地指出了问题的关键，而有怨气的队伍是绝对不可能获得胜利的。网飞放弃"考核+提成"的方式，直接给予高薪，直接打消了员工在薪酬考核方面的计算和攀比，也就从根源避免了因为利益不均而可能产生的部落效应。

大家以一个求职者的角度设想一个场景：摆在你面前的一共有两份offer（录用通知），一份offer的薪资是一个月2万元，完成考核目标后，年终奖30万元；另一份offer的薪资则是一个月

5万元。正常情况下，肯定是选择第二份 offer 的人居多。

转变为企业的视角再去看待这个假设，虽然前一种薪资成本较低，但很大程度上会让公司招到的人从"优秀"变为"凑合"。很多企业都抱着一种试试看的心态去招人，自然不愿意多付出成本。但如果计算员工从"凑合"到独当一面的"优秀"之间企业为之付出的时间和精力成本，无疑远高于第二份 offer 中的付出。

组织中优秀的模因，就如同生物体中优秀的基因，它们使得组织更具市场竞争力和战斗力。换个角度来说，模因也如同一块块积木，是否能够搭建出优美的建筑，完全依赖于我们的架构能力。比如一个优秀的人才，并不是进入组织内就一定能够发光发热，是否与团队和谐相处、合作，是否能够保证才与位的匹配，都是一个人才最终能够体现出的价值。因此归根到底，模因的优秀与否还取决于我们是否能够搭建生物态环境，是否能够拥有真正理解、正确运用模因的才能，而其中的关键就在于模因的两大特征和三大支柱。

第三章

打造生物态组织的五大方法论

方法论是前事的经验总结,也是当下的指路明灯。五大方法论将会从目标、能力、思维、经营方式等方面助力管理者向生物态思维转变,更好地迎接未来的市场竞争。

十倍好

所谓"十倍好",并非制定一个十倍好于现阶段结果的目标,而是一个自我促进的方法论。比如我们在执行某项工作时,如果站在"如何使业绩增长20%"的角度去思考,那么得出的结论一定是不断加班和努力。诚然,加班和努力会带来业绩的增长,但这种增长大多是量变,是低质量的增长。"十倍好"强调的是,我们不拘泥于这件事情本身,而是回归它的本质,重新创造出一个更高效率的方法取代它,甚至开创出第二曲线。

最典型的案例就是传统购物与电商购物的对比。以前购买任何物品都需要去商店,而电商可以让消费者足不出户就完成购物的动作。再有就是打车。以前要在风雨中招手打车,现在可以用滴滴出行这样的应用软件打车。能够给我们的生活带来颠覆性的变革，让消费者感觉更舒服、更方便，这就叫作"十倍好"。

樊登读书同样是一个"十倍好"的产品。生活中有一个很有趣的现象，即很多人喜欢买书，但总是出于这样或那样的原因将其束之高阁，书也就失去了价值。因此，我们提供这个产品的初衷是让大家听一本书，在几十分钟内掌握书中的一些知识，并能应用在家庭里、事业里，让别人也发生改变。

综上，"十倍好"强调的不是某个具体的落地的标准，比如业绩、效率等，而是一种颠覆式的概念，是一个从0到1的过程。但是在每天的实际工作中，员工大多数时候会被奇奇怪怪的各种小工作包围，形成惯性思维，思考的能力也就会大幅度降低。惯性思维和"十倍好"思维是一对天敌。

消除惯性思维，做到十倍好

惯性是当大家都在用同一种方式做一件事情时，我们也会不自主地使用同一种方式做事。比如在互联网创业热潮之后，最后只留下一片狼藉，根本原因就在于受到了惯性思维的影响，不是"十倍好"地去开创新方法，而是所有人都参照他人的创业模式，形成了千人一面的形式，那么后来者的落败就是自然而然的事情了。和大家分享一个案例。

我曾经和一个很有名的创业者一起创立了一家公司，

当时我看他每天都在打电话，不是在谈融资，就是在引进人才，很少在公司和同事进行有效的沟通。最终的结果就是没有一件事顺利地运转起来，他本人也因此每天都非常焦虑。

后来我就打断了他"打电话"的事业，邀请他和我进行一次深入的交流。我问他，你每天这么忙地打电话，又花这么多钱在干什么？最关键的是效率没有因此显著提升。我提议他换一种操作方法，他用特别奇怪的眼神看着我，说大家都这样，所有的初创公司走的都是这样的道路，行业规则就是如此。

惯性思维最大的危害之处在于，它在不知不觉间让人放弃了独立思考的能力，成为一个盲从忙碌的人，就像一只无头苍蝇一样，等忙碌了一个阶段再回头看，却是一事无成。从这个角度来看，坚持"十倍好"理念其实很简单，只要我们保持独立思考，揭开一件事情已经被人们复杂化的层层面纱，避免陷入社会和人群形成的惯性法则中，回归常识，找寻事情最原本的样子，触摸到它的本质，我们就会发现，事情变得非常简单。

我和大家分享一些最初设计樊登读书项目时的想法。樊登读书应该算是知识付费最早的玩家，所以当时根本没有可供参考的模板，当然我们也没有想过走别人的老路。我想得很简单，就是认为让一个社群的人在一起读书，是一件有意义、有价值的事情。而之所以决定录视频，是因为这样的想法最接近消费者的本质需求，能够被大家理解。此后，樊登读书开始发展代理商，给他们看录像，看完这个录像后，代理商如我们所愿接受了这一模式，然后开始推销这个产品。

触摸问题的本质是"十倍好"的一大前提

"寻找用户本质需求"的理念与埃隆·马斯克一直在讲的第一性原理很相似，都是回归事物的最基本条件，将其拆分成各种要素进行解构分析，从而找到实现目标最优解决路径的方法。我们要以最基础的已经无法再改变的内容作为出发点，真正能实现"十倍好"的事物，一定是能回归到第一性的事物。

埃隆·马斯克制造可回收火箭这件事大家应该都知道。关于这个项目最初的设想，他只是按照大学物理学课本上最基本的公式计算结果：计算火箭的重量、需要多少能量、飞行多少距离可以返航等。由这些看起来十分粗糙的结果他得出一个结论：做可回收火箭是可行的，然后就落地实施这个项目了。

该项目的"第一性原理"就是符合大学物理课本上最基本的公式，也是他所需要的全部，所以埃隆·马斯克从不去参观NASA（美国国家航空航天局）。他坚持认为，如果去参观了，造的火箭就肯定和传统火箭一样，没有任何意义。

埃隆·马斯克还有很多遵循第一性原理的事情，比如他能够接受工程师花两万美元开一场豪华晚会，却绝对不会花钱给工程师买任何一个传统的火箭零部件。他在意的不是钱财，而是他宁愿花更多的钱从头制造一个全新的零部件，也不想使用以前就被证明了不可行的东西。最后他不但成功了，还为火箭发射节省了更大的资金成本。

古话说"前事不忘后事之师"，其实这是有一个前提条件的，即我们要保持独立思考能力和开创性思维，否则"前事"的经验会让我们陷入循规蹈矩中，无法进行更好的创新，更不用提做出"十倍好"的事物。因此，我们在做任何事情时，都应当让自己独立于事外，保持清醒且创新的认知，如此才能真正做到"十倍好"。

当然，并不是要求大家时时刻刻想着把每一件事都做到"十倍好"，那样只会让大脑超负荷，陷入一片空白，而是要让大家在脑子里搭上这根思考的琴弦，要知道有这个理念。如果我们根本没有"十倍好"这个思想，就会不知不觉地陷入惯性中而不自知，最后变成一个平庸的人。

当大脑中搭上了"十倍好"这根琴弦后,我们可能就会在大脑放空时,或者在任何时候不自主地拨动这根琴弦,从而迸发出创造奇迹的奇思妙想。很多人类历史上的伟大发明都是大脑灵光乍现的结果。

爱因斯坦发现"广义相对论"就来自思想的一次灵光乍现。爱因斯坦当时在书房,看到对面有人在修理一栋房子的房顶,那个人滑了一跤差点摔倒。爱因斯坦看到后突然产生一个自己都感到震惊的想法——如果一个人自由下落,他将不会感受到自己的重量。这就是"广义相对论"最初的想法,爱因斯坦称其为"我一生中最幸福的思想"。

所以,只要我们具备"十倍好"的思想,就可能在任何时间、任何地点想到一个能重构原有生活的更好的新想法。

教育行业里同样存在着很多"十倍好"的机会。在传统的认知里,孩子一定要去学校上学,从来没人考虑孩子喜不喜欢天天去学习。而受新冠肺炎疫情的影响,学生开始在家里上网课,而上课形式的改变让我们注意到一个矛盾点:老师的教学时间与学生的学习意愿无法一直完美匹配,即上课时间是固定的,但在这个固定的时间里,学生并不一定总是有学习的意愿。

而且在线下上课时,老师也没有精力顾及每一个孩子,这就造成了班里孩子的成绩偏差。相对地，网课则具有很强的适应性和包容性，只需要家长教会孩子上网，让他能每天完成自己的作业，由孩子自己选择学习的时间。结果发现孩子们的成绩都有了一定程度的提升，这就是一个"十倍好"的改变。

我曾经讲过一本名为《准备》的书，它的作者是美国新型教育理念的开拓者黛安娜·塔文纳。塔文纳因为对当时美国的高中教育体制不满，在2002年创办了萨米特中学。结果，开学第一天合伙人就要退出，合伙人过来找她说："你这招来的都是什么学生啊，你知不知道想办好学校最重要的就是选人。"当时美国高中的制度都是要进行面试的，不仅学生的素质要优良，连父母、家庭都要进行审核，相当严格。

而塔文纳则完全不在意学生的出身和状况，不论是有读写障碍还是毫无知识基础，甚至是不良少年，只要学生真心想学习，她都接收。结果，就是这样一所学校，现在成为全美排名第一的高中，在美国各地开了15所分校。

这所学校有一个非常有意思的特点：没有一个专门的讲课老师，他们所有的课程只是给学生发送一封邮件，邮件内容包含了由教育专家录制的各个课程的教学视频，学生只需要在学年内学完这些课程即可。这样一来，学得快的学生就有了课余时间，而遇到难点时，学得慢的同学就可以多看几遍，如果不会还有老师专门来教。

肯定就有人想了："那还上学干什么啊？在任何一个地方看视频不一样都是看？"其实不然，这所学校其实是有老师的，只不过老师不负责教学。他们在学校的任务就是每天组织学生参加各种各样的社会课题，培养他们的兴趣爱好，让学生在爱好中建立对学习的积极性。

比如，他们会问大家：如果穿越到中世纪你们打算带什么，你们如何生存下去。当学生们对中世纪产生兴趣后，就会自主地去学习中世纪的历史。最后大家再通过演讲的方式互相交流，加深理解和认知。萨米特中学把学生带入某一个具体的场景中，让学生自主地去学习，虽然同样很累，但是效率要比照本宣科式的教学高很多，考试成绩也比其他的学校更好。

这就是一个非常典型的"十倍好"改变，塔文纳颠覆了人们长久以来的惯性思维，为教学带来了更好的改变。她不认为世界上有好学生与坏学生之分，只是有没有找到正确的教育方式，正如孔子所说——有教无类。她回到教学的原点，即怎样教会别人知识。

"十倍好"并非让人简单地在原有生活模式上追求增量，而是通过创造新的方法来完成一种跨越式的改变。"十倍好"的敌人就是我们的惯性思维。历史上一些重大变革之所以会出现问题，根本原因就在于社会大众的惯性思维，不愿意甚至惧怕做出改变。在任何一个组织中，传统的模式和资源并不一定是有利的，资源很多时候会变成我们无法开拓创新的负担，让我们深陷惯性思维的沼泽中。

　　破除惯性思维的办法也很简单，在头脑中搭上"十倍好"的琴弦，坚持"十倍好"的创新思维，就能拥有开拓进取的心态，整个组织就会具有保持活性的基础，我们就能够拥有打造更具活力的生物态组织的活性大脑。

反脆弱

"反脆弱"方法论的核心思想来自两本书——《黑天鹅》和《反脆弱》。这两本书都是著名风险管理理论学者纳西姆·尼古拉斯·塔勒布的著作。反脆弱的特点是具有包容性,不过分纠结于最终的结果,能心平气和地接受成功后的百尺竿头更进一步,也能坦然接受另一面的功败垂成。与反脆弱相对应的词语是脆弱,不过我更喜欢把这个词语叫作刚性。刚性的人很难以平常心去面对最终的结果,往往会孤注一掷,不成功便成仁。

正确认知"黑天鹅"

我之所以要强调"反脆弱",是因为生活中存在足够多的复杂性,每时每刻都在变化中,我们并不能精准地预测每一件事情,比如《黑天鹅》这本书中就提及社会中种种不确定的事件。这本书告诉我们，推动历史的力量来自"黑天鹅"，人类很多伟大的发明和重大的历史事件都是一只"黑天鹅"。

"黑天鹅"曾是欧洲人言谈与写作中的惯用语，用来指不可能存在的事物，但这个看似不可动摇的认知随着澳大利亚第一只黑天鹅的出现而崩溃。现在的"黑天鹅"寓意着不可预料的重大事件，它在意料之外，却又影响巨大，能改变人们熟悉的一切事物。

> 蒸汽机的发明就是一件非常典型的黑天鹅事件。当蒸汽机被发明出来以后，有一大批工人组织了著名的"卢德运动"，号召大家去打砸纺织机等机械。如果以如今的认知来看，大家一定会觉得可笑，竟然有人想阻挡历史进步的大潮，但在当时的社会环境下，这件事却是极其正常的。因为纺织机等机械的发明，直接导致大量工人失去了工作，致使他们陷入贫困，甚至让整个家庭在饥饿中生存。
>
> 所以蒸汽机的发明就是一只"黑天鹅"，它的出现产生了不可预知而又左右了整个历史和人类社会发展的影响。

"黑天鹅"是一个很中性的形容词，千万不要认为只要有

"黑天鹅"出现,就会有糟糕透顶的事情发生。黑天鹅事件只是代表了不可预知,比如计算机、手机、5G 技术的发明,都属于"黑天鹅"事件。"黑天鹅"的出现从来不分好与坏,它只会突然地出现,影响我们的生活。

"黑天鹅"事件最大的特点在于不可预知性。换言之,能通过种种迹象被预知、证明的事件都不是"黑天鹅"事件,比如通过摩尔定律,我们能在一定程度上获知集成电路可容纳晶体管的数量。但新冠肺炎疫情就是一个彻头彻尾的"黑天鹅"事件,在大规模暴发之前,没人能够预料到它拥有如此巨大的破坏力。

受疫情影响最严重的行业中,餐饮业绝对首当其冲。如果站在一个餐饮业从业者的角度来看,绝望之情油然而生。但它不意味着,在"黑天鹅"事件恶性影响的冲击下,我们只能被动地接受。避开绝望的方法其实是存在的,就是我们要想办法站在"黑天鹅"出现时的收益端,而不是被颠覆者的一端,以万全的准备穿越周期就能成为受益者。

> 在新冠肺炎疫情期间,我和喜家德的老板进行过一次交流。我询问了喜家德的经营状况。大家都知道,疫情对餐饮业造成了十分严重的冲击,整体行业环境变得十分恶劣。然而他却告诉我,在疫情期间,喜家德新开了 150 多家分店。我当时很震惊,问他这是怎么做到的。

他和我解释，因为疫情，店铺的价格降低了很多，比如SKP等高端商城，在疫情前因为过高的价格，喜家德是难以入驻的。但当时只有喜家德有现金，所以商城就主动找到他们，并主动降低了价格。喜家德能够完成逆势扩张最主要的原因，就是他们在商业最不景气的时候拥有足够的现金流。

新冠肺炎疫情期间，很多企业都没有撑下来，究其原因就是公司没有足够的现金流，也就失去了反脆弱的武器，加之商业活动陷入停滞，整个企业就无法运转经营。很多企业的误区是只重视净资产，有了资产就去做抵押，抵押完又去开发新项目，新项目资金不足又去借款。这个链条看似是一个完整的闭环，但其实是空中楼阁，稍遇风雨整个企业就会瞬间坍塌。

俗话说，"留得青山在，不怕没柴烧"。它告诫我们为人做事要留有余地。对一家企业来说，现金流就是生命线，如果我们不具备这样的反脆弱能力，也就没有办法穿越周期，最终结果只有沉寂。企业有足够的现金流，才能在"黑天鹅"来临之时，享受到它带来的利益。

"反脆弱"的两面：杠铃式配置

圣人孔子也曾做过反脆弱的思考，比如"邦有道则仕，邦无道则可卷而怀之"(《论语·卫灵公篇》)、"我则异于是，无可无不可"(《论语·微子篇》)。前者的意思是在国家政治清明时做官，在国家政治黑暗时隐退藏身。这种能力如今被称为"杠铃式配置"：把资源放在杠铃的两端，无论杠铃往哪一端倾斜，我都已经有所准备。反脆弱的核心就是杠铃式配置。

因此，大家在思考人生或者公司发展时，不能形成刚性思维。我们不是万能的人，无法保证每一件事都信手拈来、马到成功，而应该做好完全的准备，包括接受失败以及失败后的应对方法。反脆弱的处理方式，可以让我们在做一件事情前想到不同的选择。

当然，反脆弱不仅是一个理念、一种思维，同时还是一个人自身综合能力的体现。我们要不断地进步，增加自己的实力才能在"黑天鹅"出现时拥有自主选择权，而选择性同样是反脆弱的核心。

不要将自己局限在某一领域，当自己被定性以后，反脆弱的能力就会消失，所以要将自己延展，让自己包罗万象。只有不断地学习，让自己获取更多的知识、拥有更多的能力，你的选择性才会更大，你也才会变得更加强大。

以医药行业为例。任何一款新药的问世，都需要前期数十亿资金的投入，企业能否支撑这笔支出，以及能否承受可能的失败带来的影响和冲击，就展现了企业的综合实力。对刚稳定的初创公司来说，十个亿将可能是公司全部的资产，所以创新很有可能是一件十分脆弱的事情。更为关键的是，药物研发成功的概率非常小，大概率会导致公司负债累累，甚至解散。当然，风险与利益对等时，研发成功后带来的收益也是十分巨大的。

对医药行业的头部企业，比如辉瑞来说，投入十个亿研发一款药品是一件稀松平常的事情。即便最终研发失败，对公司的影响也微乎其微。就辉瑞公司的体量而言，它拥有的资产允许自己做尝试，也承受得起失败。这就是选择能力的体现。

所以反脆弱是一种能力，我们只有不断地提升自己的能力，才能拥有更强的反脆弱能力。

用非对称反脆弱

反脆弱性的另一个非常重要的核心是非对称交易。很多人在做事时习惯于给自己施加"背水一战"的压力，秉持着"不成功便成仁"的理念，甚至以全部身家为赌注。然而一件事情的成功与否存在很多的先决条件，我们的努力和态度虽然十分重要，但终究只是影响结果的因素之一。而且，孤注一掷的行为并不会增加最终结果的价值，只会使风险增加，收益的性价比降低。最关键的是，在这种情况下，我们失去了对失败的承受能力，这是反脆弱所不提倡的。

非对称交易强调的是，如果我们去做一件事情，最终不幸失败了，付出的成本是可接受的，不会使我们一蹶不振；一旦成功，我们将获得巨大的收益。因此，非对称交易可以让我们拥有反脆弱的能力。根据塔勒布的研究，历史上的富人之所以能成功，不是因为他们拥有常人所不及的智慧，而是他们抓住了非对称交易的机会。

古希腊哲学家泰勒斯是一个非常善于使用非对称交易的人。在古希腊，橄榄油是非常珍贵的商品，存在着巨大的利益。但由于橄榄的产量十分不稳定，所以没有人敢去购买榨油机做橄榄油的生意。泰勒斯就抓住这个机会，购买了所有的榨油机，结果第二年橄榄大丰收，他大赚了一笔。

根据柏拉图的解释，泰勒斯夜观天象，认为第二年橄榄果会大丰收，所以才买了全部的榨油机。但这个说法肯定不对，人类再厉害也不能准确地预知未来的事情。

泰勒斯的做法是，比如，事先向榨油机厂家支付了一定数量的定金，并和店家达成承诺：如果我需要榨油机，你必须优先给我；如果我不需要机器，这笔定金就会是你的。失败了仅仅损失定金，但如果成功，他将获得更多的利益。

这就是非对称交易的价值所在。

反脆弱方法论一个很重要的价值在于，它开阔了我们的视野和思路，让我们为一项工作思考到多种解决方式，留有更多的可变通余地，不至于在一条道路上走到黑，导致我们陷入被动的局面。而当一个组织拥有反脆弱的能力，它就可以保持更好的生态系统和更加强大的灵活性，不会因为"黑天鹅"事件而瞬间枯死。

低风险创业

"低风险创业"的概念出自我撰写的同名书《低风险创业》,它综合了许多理论,其中的核心就是创业者要清楚地知道自己的项目能够解决什么社会问题,这是创业的起点,在某种意义上也可以视为终点。

每一个优秀的公司都有自己的秘密,有自己核心秘密的公司才能够在市场中获得利益。需要强调的是,所谓秘密绝对不是一些不能示人的肮脏东西,不需要藏着掖着,它更像是一家企业的压箱底手段,即便原原本本地展现给其他人,别人也学不会,这是企业的核心竞争力。

北大光华管理学院访问教授黄铁鹰撰写过一本书,叫

《海底捞你学不会》。这本书很有意思，它将海底捞的运营系统以及企业文化全部展开，读者可以"参观"海底捞的后厨，甚至可以去挖海底捞的人才，但很少有企业能够成功打造一个像海底捞一样的成功团队。所有人都知道服务是海底捞的核心，但别人就是学不会，这便是海底捞的秘密。

再比如樊登读书。很多人认为知识付费难做，而樊登读书之所以能够脱颖而出并发展起来，原因就在于我们公司的秘密——把书讲好。它听起来非常简单，但从 0 到 1 真正做起来却十分困难，樊登读书在这件事上花费了大量的心血与资金。这也是为什么每个人都知道"把书讲好"是知识付费的关键，却鲜有人能实现的关键。也正因为这个秘密不容易，樊登读书才能够赚到钱。

因此，任何一个企业的秘密都不可能是非常简单的东西，它具备很高的市场价值。至此，创业的关键就变得十分清晰：如何建立有市场价值的秘密，以及如何确保它具有进一步增长的潜力。这两个问题对应着"低风险创业"中的两个假设：价值假设和增长假设。

第一个假设：价值假设

所谓价值假设，简单理解就是确定我们所做的事情到底有没有价值，其中的难点在于完成对"价值"的判断。因为价值判断是一件十分主观的事情，很有可能团队不同的人对同一件事会产生不同的理解，因此在判断时，我们需要把主观标准转化为客观标准，比如消费者是否愿意为之买单。

我之所以强调要把标准从"主观"转到"客观"，是因为我们在生活中，经常容易被周围的人"欺骗"。当我们把自己做的事情告诉别人，询问是否有意义时，总能听到"这个事情很好""我感觉这个东西很实用"之类的话语，但其实他们根本没有做任何的思考就给出了答复。

而"客观"的做法是，当我们认定某件事有价值时，以他人的意见为参考，同时在市场中进行小规模实验，即先用少量资源做一个可行性的产品，试探消费者的反应与态度。只有经过市场用户的检验，我们才能确定"想法"是否具有大范围落地的价值。总结而言，实践是检验"想法"的最终标准。

我刚开始做樊登读书时，最主要的产品就是一个电子邮件。我把讲解的每一本书做成一个5000多字的内容PPT，再用电子邮件的形式发给客户，价值300元。虽然第一代产品看起来非常糟糕，但它验证了价值假设，有客户愿意为了读书交这300元。这就意味着樊登读书落地的形式是一件有市场价值的事情。

总有人和我说："这两年我看你们樊登读书挺火的，你们发展很快啊。"其实很多人不知道的是，在此之前，我们已经"潜伏"了多年，因为樊登读书是一家生物态公司，需要时间慢慢长出来。我们用各种方法验证了价值假设之后，才真正做了樊登读书这个项目。

很多公司在开展一个新项目时，往往会跳过"价值假设"的步骤，而是以决策委员会或者关键人物关键意见的形式进行表决。这种以传统经验、认知指导项目的做法，无疑是存在巨大风险的，特别是如果该项目是企业此前没有涉及的领域，那么风险将会进一步增加。在这种情况下，任何人都应该重新考量收益与风险的价值关系。

但是，如果我们采用小规模实验的方式，花少量的钱验证项目在市场内是否可行、是不是用户所需求的，就能很好地避开这种错误。

拼多多出现在大家的视野之前，消费者好像完全不知道这个公司都干了什么。其实拼多多一直在淘宝、京东根本不会注意的地方进行尝试，实验网络购物领域是否还有其他可以发展起来的市场。最后他们在拼团购物上验证了价值假设，证明了在拼团降低价格这方面还存在大量有意向的客户。然后再投入资本,做了拼多多这款软件,异军突起地占据了一部分网络购物市场。

低风险创业的底层逻辑是尊重事实,做到不被体系和资源绑架,也就是说,资源和体系是企业安稳发展的依仗,我们不能因为拥有强大的后盾便在开展新项目时轻视或忽视科学性步骤,否则一定会为之付出代价,造成不必要的浪费。因此,做任何事情之前,一定要思考清楚它是否存在价值,然后再实施真正的行动。

第二个假设:增长假设

当我们验证了一件事情存在价值之后,接下来就要进行增长假设验证。

如果一个项目有市场价值且有人愿意买单,却无法扩大用户群,没办法进行高效的价值增长,那么该项目是没有前景的。增长假设的重点就在于,我们要验证项目是不是具备值得持续投资的潜力,能让公司获得长远的、更丰厚的利益。

我刚做樊登读书这个项目的时候,还开设了线下课,仅讲课每天就有过万元的收入。当时就有人问我:"樊老师,你这每天讲课赚的钱那么多,为什么还非要做樊登读书这个项目?""一周要读一本书,还要自己打5000字做PPT,才收300元图什么?"我坚持下来的原因就是我认为这个项目还存在着巨大的增长空间,它的未来会比线下课更辉煌。

项目后续的发展也给了我很大的信心。经过一段时间的发展,我开始意识到,通过邮件传递信息的效率十分低,而且流程过于烦琐,因此改用微信群的方式进行交流,每天在群里给他们用语音直播图书的内容总结。不到一个月的时间,一个群就变成了两个。从那时我就验证了这个项目的增长假设,且增长十分迅速。在此之后,这个项目不断地发展,直到成长为现在的"樊登读书"。

只有当价值假设与增长假设都验证成功以后,一个项目或者创业才有下注和投资的必要,才有成长起来的可能。"低风险创业"的最终目标只有一个,就是帮助企业培养有效的属于自己的秘密,一个没有自身秘密的公司是难以在残酷的市场竞争中立足的。

最典型的案例就是共享单车领域中曾经的两个领头羊摩拜和ofo,当时风光无限的两家企业如今已经消失在人们的视野之中,要么是被其他公司收购,成了引导流量的附属品,要么是深陷债务危机中。之所以会在极短的时间内,发生从"宠儿"到"弃儿"的转变,根本原因就在于共享单车行业没有秘密。

它的商业模式非常简单,与消费者的交互也没有任何技术含量,换言之,就是没有技术门槛,只要有资金,任何人都能分一杯羹。最终的结果正如大家所见到的一样,资本大量入场,市场超饱和甚至直接变成了负荷,所有的玩家都失去了盈利空间,导致市场崩盘。

一个鲜明的对比是滴滴出行。虽然同样是"烧钱"大战,但滴滴出行快速更新迭代了自己的技术和产品,且后续构建了坚固的护城河,也就是企业秘密,并以此为基础发展壮大。这是共享单车企业没有做到的,或者说在市场崩盘之前没来得及做的。

通过这样的对比,我们可以得出一个很清晰的结论:一家企业必须形成自己的秘密,唯有此,才能让组织具有独特性,在与万千企业的竞争中独树一帜,发展出别人无法模仿与追赶的商业价值。

放权和试错

放权和试错的方法论来自我对生物态和复杂体系内容的思考。传统企业的组织形式大部分都是机械态，比如福特汽车。福特汽车的创始人亨利·福特有一句名言："我们（公司）只想要一双手，为什么还要来个脑袋？"机械态的公司根本不需要有自己思维的员工。以福特汽车为例，它只需要员工机械化地制造汽车配件，并将它们组装成为一辆汽车，然后完成销售即可。在这种模式下，老板不会也无须将权力下放给企业员工，更不会允许员工试错。

但随着时代和技术的不断发展、进步，越来越多的工作已经不再是简单的流水线生产，如果员工没有一定的自主性，工作将会很难顺畅高效地开展。机械态的组织形式已经无法匹配当前时代和市场的需求，构建生物态成为所有企业的当务之急。而生物态组织极其重要的前提条件之一便是放权和试错。

会放权的企业才有长远的未来

润米咨询董事长刘润采访过我。在谈及生物态企业时，他问了我一个问题："你是如何保证在放手公司那么多权力和内容的情况下，公司的业绩还做得这么好？"

我回答他："第一个是我们公司的员工都还不错，我运气好；第二个，我战胜了内心的恐惧和自负。"对一家企业的领导者来说，自负绝对是非常致命的一种"品格"，它往往会让人做出错误的选择。

所谓自负，简单理解就是过高地估计了自己的能力。自负的人从不会将失败的原因归于自身，而是归于外部环境。他们通常认为自己非常优秀，并在不断的迭代中越来越认为自己无所不能。举一个很常见的例子：买彩票。几乎所有人买了彩票后都会选择自己刮，原因就是彩迷大都自视甚高，自负地认为自己的"运气"异于常人，中奖概率比其他人要高。然而当我们站在一个客观的角度去看待"彩票"，会发现每个人中奖的概率都是相同的。

其实所有人或多或少都存在自负的认知，区别在于我们是否能发现并战胜它。说回采访中的一个关键问题：我如何战胜自负的"品格"。答案是我曾经因为自负心理经历了多次的失败，在失败中我学会了批判思维，对自己有了全新的认知。

和大家分享一个我做杂志时的经历。那是我第一次做总经理，为人难免有些自负，团队里的所有事情，做发行也好，做印刷也罢，甚至每个月发工资我都要过问。因为我不放心自己的员工，更愿意相信自己的能力和意愿。

有一次我的一位经理联系了一个客户，我就和她一起去了。然而在交流过程中，一直都是我在和客户沟通，那位经理一句话都没插上。回到公司后，这位经理就要辞职，因为她认为公司根本不需要她，她也就没有必要再继续坚持。我当时感觉特别奇怪，自认为帮助了她很多，不感激我就算了，居然还生气辞职？我那时还不能理解她。

但后来公司做不下去了，原因就是公司所有的事情、所有的决定我都会插手，导致员工任何事情都不敢自己做，越来越依赖我的决定，什么事都要来问我，让我分身乏术。而且我也并不是任何事情都会，但是公司已经没人敢去做了，只能是我硬着头皮去做，公司被弄得一团糟，最后做不下去了。

我辅导过的很多学弟学妹在创业时都经历过这种事情，他们都是青年才俊，具备很强的能力。然而，能力是一回事，如何认知能力却是另一回事，在很多场景中，问题往往出自对能力的错误认知。比如一些综合素质很高的管理者很难充分信任企业员工，总是担心员工难以完成工作，由此就会产生很强的掌控欲，事事过问。

从员工的角度来看，老板的不信任无疑会打击员工的自信心和工作积极性，因为害怕出错而不敢自主做任何决定。在这种情况下，员工也就失去了长足进步的可能和空间，成为"低风险低贡献"的员工。

大家可以设想这样一家老板大包大揽的公司，毫无疑问的是，公司的发展上限与老板的管理半径几乎是等同的，一个人又如何与一个团队相提并论呢？而且，所有决策都出自一个人的经营模式，这样抗风险能力就很弱，一旦出现问题就很难挽回。我一个学弟在总结创业失败的经验时发现，他一直认为自己是公司里容错率最低的人，但最后却犯下了所有的错误。

错误是正确的开端

很多领导者之所以无法容忍员工犯错，除了对自己能力的自负，另一个很重要的原因是，他们把公司视为私有财产，员工的错误最终都是对自己财产的侵害，是不可原谅的。这种思维体现的其实是一名管理者的格局以及对公司发展的认知，他们只关注眼下的利益，却忽略了长远的发展。

在樊登读书刚刚起步的时候，公司只有几名员工，我当时向他们传达了一个理念，即樊登读书是一个全新的模式，没有前辈和经验作为参考，我们每个人都必须自己钻研，成为这个行业里的第一批专家，而且最重要的是要有自己的主见，不要怕犯错误，大家一起尝试和进步。就这样，樊登读书一步一步地发展到了今天。

因此，管理者要放下自负，试着将权力下放给员工，让他们自主工作，允许他们犯错。只要员工能在错误中获取新的认知，完成成长，发挥出自己的才能，他们就会成为公司宝贵的资产。

> 我之前看过一本书，叫作《授权：如何激发全员领导力》，作者是美国第七舰队潜艇指挥官、哥伦比亚大学资深领导力导师 L. 大卫·马凯特。他在书中讲述了如何通过打破传统观念下"领导者—追随者"的领导模式，将一支一直处于所属舰队末端的核潜艇部队打造成为最优秀部队的事情。
>
> 授权不是一件容易的事情。它并不意味着领导者可以做一个甩手掌柜，员工可以为所欲为，而是一定要有一套完整的计划和步骤去做授权，以我在前面多次强调的提问的方法，改变双方原有的"领导者—追随者"的组织架构，

调动起员工的积极性,建立一种自下而上的管理模式。通过打造全员领导力,管理者和员工共同勾勒发展蓝图,完成未来目标。

大家可以设想一个画面:在核潜艇快要撞上礁石时,舰长却一声不发,训练有素的士兵很从容地驾驶舰艇转头驶离。一个充分信任士兵的舰长,会默认士兵想得比自己更完备、更周全,因为他已经将士兵完全锻炼出来了,这些士兵对工作有着清晰的认知。

华为有一个十分著名的理念:让听得见炮声的人呼唤炮火。它背后的逻辑是,领导者的主要责任是把握公司发展方向,基层的市场竞争应当交由基层员工处理。如果这种秩序被领导者打破,领导者直接插手基层工作,那么组织内部就会形成一种"唯老板命令是从"的风气,组织的发展被领导者的个人能力和认知绑架,自然也就失去了发展的活力和上限,成为机械态组织。

而一个生物态组织在执行任务时,一定是让专业人员成为团队核心,带领组织团结协作解决问题。如果领导者有问题,大家可以和领导者探讨与解释。团队成员尊重领导者,但不能唯命是从。

我每次和员工开会时都会强调一句话:"你们要允许我

发言。"言下之意是，公司追求人人平等的环境，我可以提出意见，大家也可以根据判断选择听与不听。

我是一个非常喜欢提创意的人，总是能天马行空地想出很多奇奇怪怪的想法。如果公司没有平等交流的环境，那么员工一定会畏惧"老板"这个头衔，使得他们不敢违背老板提出的想法，还会想方设法去完成。如果老板的想法是对的，那么万事大吉；但如果老板的想法是错的，那么公司一定会为此付出惨痛的代价。

因此，管理者一定要懂得下放权力，让专业的人做专业的事情，让他们自己拿主意。

"放权和试错"是打造一个生物态组织非常关键的方法论。一个组织最主要的活性细胞就是员工，只有他们具有自主处理工作的能力，整个组织才会产生非凡的活性。当员工拥有活性后，就能让整个组织的每一个部门都独当一面，而我们要做的就是让员工勇于工作，敢于承担责任。

让组织自己长出来

提到"生长"一词，大家更多想到的肯定是其生物学意义，即植物从一粒种子到开花结果的过程。其实把它应用到商业环境中，同样有十分精妙的解读，比如，有生命力的组织往往不需要任何催生和施肥，它们就能够自然而然地完成生长，获得成功。

竞争，才是生命力的催化剂

我曾跟腾讯的一个创始人进行交谈，他跟我描述了腾讯内部一个十分有意思的现象：所有进过总裁办公室的项目，无一例外都以失败告终，能够成功的项目大都是那些不被大家在意的、突发奇想的项目。

微信就是最典型的案例。某一天，张小龙（现任腾讯副总裁、微信创始人）灵光一闪，决定做一款移动聊天软件。当时并没有人给予太多的注意，认为他只是临时起意。后来，张小龙带着一个小分队去广州做出了微信。现在微信的火爆程度和影响力大家应该都有目共睹了。

在我们两个人的沟通中，他明确地向我表达了自己的疑惑："为什么我们花费了很多精力，投入了大量人力、物力设计的项目还未成型便胎死腹中，而很多我们并不重视的项目，却犹如野草般强韧，最后长成了参天大树？"

在我看来，这就是人为催生组织和自我生长组织的不同之处。大家可以把发展组织与培养孩子对应在一起理解，当我们在一个项目上的注意力过高，投入的心血过多时，关注就会变成宠溺。而且，在项目经历市场验证之前进行大量投入，会使项目丧失客观性和实事求是的精神，换言之，就是失去了生物态的成长环境。

对任何一个项目来说，充足资源构建的都是一个虚假环境，所有的问题都能利用已有资源来解决，也就不会遭受真正的市场环境的洗礼，无法认识到自己的不足与缺点，更不会更迭自身，改善自己的不足来适应市场。就像一个在温室中长大的花朵，没有经历过风吹雨打的洗礼，稍有风吹草动就会令它损枝断叶甚至枯萎。

"诗仙"李白一生狂放不羁，在历史上留下了很多赫赫有名的诗篇。但李白一生中最大的理想却是做一个大官，建功立业，一展抱负，可终其一生都未能得偿所愿。其中一大原因就是李白家境十分优越，作为"富二代"，他不用为生活中的各种琐碎事情发愁，可以随心所欲地周游全国，游山玩水。

从某种角度来说，家境巨变之前的李白就是一朵温室里的花朵，没有经历过生活的辛酸，性格又骄傲狂放，自然无法适应官场的尔虞我诈。

而"长出来"这个概念强调的是，组织遵循生物的生长规律，不需要用过多的资源进行催熟，让它接触真正的市场环境，以锻炼其在残酷的市场环境下生存的顽强生命力。如果成功了，组织便可以不断地迭代进化，完成"长出来"的过程，并最终获得成功。

想要真正理解"长出来"这个概念，一定要结合生物态的诸多规律，这也是研究生物学的重要性所在。一个良好生物态组织的建立，一定会遵循生物进化的基本原则。

在传统的组织里，"长出来"是一件非常困难的事情。因为作为一个"异端"的创新，它很难获得足够的资源和支持，甚至会因为与组织现有的战略方向、优势等相冲突而被排斥，而且企业追求的是精准、可控和可预期，这也是很多创新想法难以找到生存空间的原因。

生物学中有一个概念叫"绿色沙漠"，它是指同一时期大面积种植同一种树木，由此形成的树林会遮挡住这片区域所有的阳光，最终导致树林的下层植被因为无法获得足够的养分和阳光而枯萎，甚至死亡。而单一的生态植被同样无法构筑健康的生态，也会使其本身对灾害的抵抗力非常差。

樊登读书也曾面临过这一问题。有一段时间我们开展了很多新项目，但最终都因为影响了公司年卡的销量而被叫停。因为年卡的销售是樊登读书的支柱业务，其他新业务必须在保证不挤压年卡业务的前提下才能展开。

新旧分离，避免"绿色沙漠"

大家一定要摒弃一种观念，即传统项目能够帮助新项目。其实如同"绿色沙漠"揭示的规律一样，两者只会相互干扰。因此，当企业想让一个新项目健康地"长出来"时，一定要让它远离原本已经固化的规章制度，在全新的、没有约束的环境中生长，最好在物理层面上将其与传统业务隔离，保持两者互不干扰、独立运转。

乔布斯在做iPhone手机的时候，其他的业务部门根本不知道这件事情,他们只发现自己部门的核心员工一个又一个地突然消失,没有人知道他们去了哪里。他们其实都去和乔布斯研究 iPhone 了,但是乔布斯害怕老部门会影响这个新项目的发展,便让所有合作的员工签署了保密协议,不允许向任何人透露这个消息。最后 iPhone 研发成功,苹果公司开启了它的又一个新纪元。

生物学环境和商业环境一样,都遵循着同一个残酷的法则:适者生存。如果企业不能让自己的物种保持足够的活力,一定会被其他更优秀的物种取代。我们要让自己不断地进化,适应同样不断变化的环境,这样才能够更好地活下去。这就是我所说的"长出来"。

想要构建一个生物态组织,符合生物成长进化的规律是前提之一。让新事物自行生长,在磨炼中适应环境,而只有在一个自由的生物态环境下,才会有更多的具有顽强生命力和发展前景的项目"长出来"。

第四章

激发他人的善意，
唤醒员工的内在动力

管理的本质就是最大限度地激发和释放他人的善意。所谓善意，就是培养员工的成长型思维，给他们终身成长的空间。

塑造成长型思维,让员工终身成长

善意是管理中一项极为重要的因素,西方管理学大师德鲁克曾说过,管理的本质就是最大限度地激发和释放他人的善意。管理者想要激发员工善意,最核心的抓手就是给他们终身成长的空间和可能性。换句话说,释放善意就是剔除员工僵硬的固定型思维,培养其成长型思维,我把这种思维称为"美德背后的美德"。大家可以通过这个逻辑去观察、思考世间所有的优良品质,会发现所有美德背后都有一套成熟积极的成长型思维,而所有的恶性价值观背后都潜藏着一种固定型思维,这是善与恶最本质的分界线。

固定型思维的员工就是企业内部的"蚁穴"

一个固定型思维的人,会坚定地认为自己是可以被度量和被限制的，自己的生活、工作、前景都取决于他人的评价，极为在意他人的认可以及自己与他人的差距，因而会时刻观察、对比他人开的什么车子、住的什么房子、穿的什么衣服等。

固定型思维的人最大的特点就是急切地要证明自己。比如某个人来樊登读书（其他企业同理）上班，他的目的不是樊登读书所坚持的解决社会问题，或者探索自己未知的能力，而是想通过这份工作证明自己，进而产生"我终于做到了"的成就感。

这种思维会成为各种恶性行为背后的支撑。大家可以仔细观察，假如一个人做事不讲诚信，很大一部分原因是在他的潜意识里认为这是最后一次交互，他想通过非诚信的方式把本次所做事情的利益最大化。从旁观者的角度来看，此类不考虑未来、不考虑口碑的行为无异于饮鸩止渴，但是在他们眼中，行为本身是没有意义和价值的，即行为不分正义与邪恶，任何能够获得利益的行为（当然是在法律底线之上），他们都会毫不犹豫地选择。而获得利益这件事，能够刺激他们的成就感和满足感。

再比如社会顽疾家庭暴力，一个丈夫之所以会殴打、虐待自己的妻子，本质上就是为了维护自己虚无缥缈的"尊严"和"家庭地位"，获得掌控一切事物和规则的莫名其妙的优越感。其实想要通过此类不合理途径获得成就感、优越感的行为，也是固定型思维爆棚的具体体现。固定型思维会让一个人变得锱铢必较，不愿意接受任何不如意的状况，并且可能会通过极端的方式去改变不如意的状况。

在职场中具有固定型思维的员工其实有很多，只不过他们的行为不如案例中的极端，但对公司的发展同样极为不利。举例来说，员工在自己的岗位上尸位素餐，当一天和尚撞一天钟，或者因为不喜欢某个人，从而在与他合作时处处作梗，欲看其出丑而后快。任何一家企业、机构中存在这种员工，对集体内部的团结都将会是一种阻碍。俗话说，"千里之堤，溃于蚁穴"，固定型思维的员工就是企业内部的"蚁穴"，管理者必须要给予足够的重视。

一山还比一山高，追求卓越，永无止境

具有成长型思维的人的心态永远都是积极正向的，他们不会在意一时一地的得与失，而是更为关注促进自我成长的因素。此外，他们目光长远，能够看到在未知未来中进步的空间和种种可能，并愿意为之奋斗、为之努力。他们坚信自己能够变得更好，能够为社会、为他人做出贡献。

与固定型思维不同，具有成长型思维的人很少主动与其他人做比较，他们会向内认知自己，真正做到"吾日三省吾身"，发现存在的缺点和不足后迅速加以改正，并且能够深刻意识到未来仍有巨大的进步空间。所以大家可以注意到，那些取得巨大成就且为世人所喜爱的成功人士，大都具备同一种美德：谦虚。

美国著名高尔夫球手"老虎"伍兹，曾一度高居权威的高尔夫世界排名榜的榜首，是公认的史上最成功的高尔夫球选手之一。即便是这样一位伟大的运动员，在夺得大满贯（获得某一领域所有顶级奖项）之后也会认为自己的发球动作不够好，还存在成长进步的空间，所以他选择重新开始，练习另一套让他更满意的发球动作。伍兹为什么会受到大家的喜爱和钦佩？我想他的谦虚和对卓越永无止境的追求就是答案之一。

我相信即使不看篮球比赛的人，也绝对听说过乔丹的大名，将之形容为史上最伟大的篮球运动员也不为过。可就是这样一个人，在获得了NBA（美国职业篮球联赛）总冠军后，"改行"成了棒球运动员。虽然乔丹的棒球天赋不如在篮球方面出类拔萃，但他依然坚定地走自己的路。后来，他还专门拍摄了一部纪录片用来记录自己进入棒球领域的行为。

大家需要明白的是，不管是无视他人嘲笑坚持自我，还是通过电影这种大众媒体进行自嘲，其实都是一种人格和心理极为强大的体现，同时也是成长型人格的体现。因为在他们的心中，自我成长是没有极限的，当前的高度只不过是下一个峰顶的出发点。

古人教过我们很多道理，比如"胜不骄，败不馁"，伟大的人之所以能够被定义为伟大，就在于他们不只深刻明白了这些道理，还付诸行动。正如伍兹和乔丹，明明是一个领域中当之无愧的领导者，我们却看不到他们身上的"骄"，而且他们依然有勇气去挑战更多的不可能，真正做到了终身成长。

所以我才会强调，管理者释放员工善意的核心就是锻炼员工的成长型思维，让他们将"终身成长"的观点铭记在心并运用到实践中。

逆境的背后就是成长

当然，成长型思维带来的成长不只是从一座山峰迈向另一座山峰，它还体现在一个人身处低谷中时的不屈不挠，也就是"败不馁"。一个最典型的案例就是稻盛和夫与松下公司的故事。

> 在稻盛和夫扬名立万，成为世人尊敬的企业家之前，他还只是松下公司陶瓷元器件的供货商之一，而且经常被松下公司"欺负"。在那个时代，松下是当之无愧的行业巨头，对供应商有着不容挑战的议价能力，所以它会要求供应商每次供货都要便宜5%。其他人对此都愤懑不平，控诉松下此举是垄断和打压供应商的行为，纷纷表示不可接受并退出了供应商的行列。

只有稻盛和夫签下了降价 5% 的合同，而且表现出了足够的礼节：向松下公司的人鞠躬、说"谢谢"等。之所以会如此，是因为他明白对方掌握着绝对的主动权，京瓷只能尽量满足对方的要求。然而稻盛和夫并没有死板地接受现状，他回到公司之后开始加强研发投入，从效率、质量等多个方面提升产品竞争力，确保自己仍有利润空间。

慢慢地，松下其他的供应商因为价格以及无法与京瓷竞争等原因纷纷选择了退出，京瓷也就成为松下唯一的供应商。至此，京瓷掌握了与松下平等的话语权，也就不存在 5% 的降价了。

后来稻盛和夫第一次见到松下幸之助时，他向后者深深地鞠躬，并表示感谢对方的栽培。松下幸之助很好奇，松下公司一直以来都在以不合理的方式与京瓷合作，为什么对方会认为得到了自己的栽培呢？稻盛和夫说，是你锻炼了我们的能力，如果没有松下一步一步的压榨，我们也不可能成为竞争力最强的供应商。

稻盛和夫具备的就是典型的成长型心态。在他眼中，没有所谓的绝对逆境，转换一个角度，就是成长的方向。所以从领导力的角度来说，我们需要培养员工的成长型思维和终身成长的心态，进而激发他们的上进心和奋斗欲望。

终身成长是员工与企业的双赢

相信大家对"铁饭碗"这个词都不陌生,它的意思是指一份可以干一辈子的安稳工作。但随着时代的发展和市场的变化,这个"饭碗"不再受到社会的普遍追捧,最大的一个原因就是它损害了企业、组织机构的利益,员工本身也失去了成长的心态和可能性。当一个人拿到了"铁饭碗",他的上进心和工作积极性就很难得到保证,努力工作一天和闲适地混一天得到的是一样的薪资,自然也就没人愿意选择奋斗。长此以往,员工的成长无从谈起,企业的利益和发展同样无从谈起。跟大家分享一个发生在我身边的真实案例。

> 我有一个同学在某个大型工厂里工作了将近10年,职位是质检,具体工作内容十分简单,就是在流水线上拧灯泡以检测它是否能正常亮起来。有一天他找到我说:"我马上就有10年的工作年限了,成为终身员工后,他们就无法开除我了。"为了庆祝,他把所有的积蓄拿出来买了一辆车。结果在成为"10年终身员工"的前两天,工厂的人力资源部通知他不与他续签劳动合同了,变相把他开除了。更残酷的是,10年来一直在做这项工作,导致他几乎不会做别的事情,也就失去了在市场上寻找其他工作的可能。

如果不是站在朋友的角度,而是公平客观地看待这件事,我们根本无法谴责工厂的做法不人道、不厚道。因为同样一份质检工作，刚毕业的大学生也可以做，且薪资只要5000元，而终身员工可能要15000元，两相对比，谁都明白该如何选择。

这件事让我感慨颇深并领悟到了一个道理，企业能够带给员工的最有价值的事物并不是高福利和工资，而是让他升值，让他具备更加强大的市场竞争力，这样成长的过程才是最重要的。因此，领导力的一个最基本的前提假设，就是企业与员工之间应该是共同成长的共赢关系，而非剥削关系。

我不否认剥削员工能挣到钱，但是这种方式无异于杀鸡取卵，而且是极为不道德的。员工没有成长其实也就意味着企业没有发展，稍微遇到一些风雨可能就会倒闭。字节跳动之所以能够发展得如此迅速，除了短视频市场的红利，最大的原因就在于字节跳动的员工成长带来的巨大动力，企业与员工相互增强，形成了不断上升的螺旋通道。

因此，我们应当不断释放员工的善意，培养他们的成长型思维和终身成长心态，以员工的能量带动企业发展，以公司的资源支撑员工成长，构建一个双方正向促进的发展循环。

刚性制度是组织发展的巨大阻碍

在管理工作的过程中,那些使得员工一步一步丧失工作动力和上进心等善意的内容,比如规章制度、企业文化,在设立之初都是有显著效果的,这其实是一个特别有意思的现象。制度设立的初衷是解决问题,但是当制度变得僵硬、刚性之后,它反过来却会成为公司发展的阻碍。

刚性制度对企业发展最大的危害便在于它遏制了员工的善意,助长了员工消极怠工等恶意。而有能力、有追求的员工之所以会在刚性制度的压迫中选择离开,最主要的原因是它限制了自己成长的空间和发展的可能性,对企业的长期发展来说也是如此。

刚性制度导致劣币驱逐良币

劣币驱逐良币理论相信大家都听说过，它是由 16 世纪英国一位财政大臣格雷欣提出来的，所以也称"格雷欣现象"。当一个国家内同时流通两种法定比价相同但实际价值不同的货币时，人们在交易过程中就会更加倾向于使用实际价值比较低的货币，也就是劣币；而实际价值较高的货币，即良币，则会被收藏或者输出，在市场上流通的数量会越来越少。这就是劣币"战胜"良币的过程。

如果大家认真思考该理论或现象就能发现，它其实在一定程度上诠释了为什么刚性制度会阻碍公司发展。

> 网飞的创始人兼首席执行官里德·哈斯廷斯曾写过一本书《不拘一格》，他在书中描述了自己在创办网飞之前曾创办过一家软件公司，当时学习了谷歌的企业文化，员工可以带自己的宠物来上班。结果有一天，一个员工养的宠物狗把公司的地毯撕咬出了一个大窟窿。出于无奈，哈斯廷斯又制定了一条规定：禁止带宠物上班。
>
> 另外，由于人员越来越多，就不得不增加更多的条条框框来约束员工的自由行为，比如有员工出差时住在 700 美元一晚的五星级酒店，因此，哈斯廷斯不得不给报销加上了条条框框。

一家企业从创立开始成长到一定的规模，一路上必然会遇到各种各样的问题与不合理，作为一种有效的解决方法，公司里的规章制度就会越来越多。比如案例中的软件公司，随着制度和条条框框不断增多，哈斯廷斯发现了一个现象，公司中一些真正有才干、有能力、有追求的人都选择了离开，原因就在于无处不在的规章制度限制了他们的成长和发挥。而那些选择留下、继续忍气吞声的员工，往往都是一些比较平庸，没有突出才能的人。

所以哈斯廷斯开始反思：公司里如此多的规章制度和约束条件是不是真的有必要？很多时候，我们提出一些规则，针对的都是特定案例，最终却演变成因为一些个案而把某项制度强加在了全部员工身上的结果。就像是我们为了防止某一个人偷东西，却把这种怀疑加在了所有人身上，让每一个人都要面对防盗门，这明显是不合理的。

企业的管理者要认真思考一个问题，或者仔细算一笔性价比的账：是让所有人在极其受约束的条件下工作划算，还是通过其他更放松的方式去释放员工的善意，让员工更主动地工作划算。我相信在条件允许的情况下，大多数管理者都会选择后一种。

释放员工善意，从陪员工一起成长开始

在很大程度上，领导力可以理解为与员工的互动能力，而如何让员工信任管理者且发自真心地认可、执行后者制定的战略和目标，就是其中极为关键的一环。反过来，想要获得员工的信任，最基础的一个前提就是管理者给予员工信任。如果管理者面对员工时，总是不放心、不授权，而且经常用条条框框的制度来处处掣肘，那么员工的积极性多半会受到打击，甚至会因此失去积极性和上进心。

其实从员工的角度来看，这种不信任无疑会导致他们接触不到真正有价值的生产信息和资料，而这些正是对员工自我成长有意义、有帮助的元素。不信任是如此，过多的刚性制度也是如此。大家再回想一下上面提到的案例，或许就能明白为什么有追求的员工会离开，而尸位素餐的员工会选择留下。

很多管理者认为只要给员工提供一份合适的薪资、一个舒适的办公环境，他们就会死心塌地地为公司奋斗。在我看来，如果这种想法出自20世纪50年代到80年代的公司管理者，那么是正常的，但如果是在互联网思维、数字化思维盛行的今天，那么就是大错特错。最根本的原因在于市场对人才、能力的需求已经不一样，同时人才对职业发展的追求和规划也已经不一样。

大家应该都知道，在20世纪50年代到80年代的时候，大学生特别抢手，一个很重要的原因是当时的企业、工厂急需工具型员工。所谓工具型员工，就是会简单的数学计算，能够学会企业所需的基本技能，有定力、有耐心长时间工作并且任劳任怨的员工。当时的大学生无疑与市场需求完美匹配。

此外，身处那个年代的人，基本上都会在一个工作岗位上坚持30年或者40年，成长和进步的空间都很狭窄。比如我母亲是一位教师，她能把所教课程拆分得很详细，所以教课效果很不错，但干了一辈子还是教师；再比如我岳父岳母都是工厂里与车床相关的技术员，同样是一直到退休也没有太大的改变。

当我们把两个时代做对比，可以发现一个十分残酷的结果：过去有人干了一辈子所谓的技术职位，如今只需要一个按钮就可以替代。如今整个世界变化的速度已经远远超过了以往任何一个年代，即便是变革速度比较慢的银行业也产生了很大的改变，比如推出多种多样的线上金融产品和各种数字化的服务手段。所以不管是企业还是个人，都需要加速自我成长，因为没人知道自己明天会不会被另一个"按钮"替代。

从大家面对的困境（成长压力）反推，管理者应该得出的答案就是：释放员工善意，陪员工一起成长。此处的善意指的是员工的上进心和奋斗欲望。大家应该都知道，华为的企业文化中有很多强调的都是奋斗和上进，而且华为也通过全员持股等福利制度和末位淘汰等压力制度，做到了管理者和普通员工一起成长，所以华为的市场竞争力才会如此强大。

华为能够做到这一点，那我们就有理由相信其他公司同样可以做到。因为抛开具体的奖惩措施，华为具备的客观市场因素，对其他任何一家企业来说都是公平存在的，是不会剧烈改变的。因此管理的关键就是公司领导者的领导力，保证公司制度不会变得僵硬、刚性，以致束缚员工的行为和善意。与此同时，管理者要做到平衡公司的制度与优秀员工自我成长之间的关系，让他们看到努力奋斗的目标，也要让他们享受到奋斗的成果。

以善意打破局限，寻找更多可能

所谓释放善意，陪员工一起成长，更多强调的是工作能力方面。但大家都明白一个道理：一个人的成长不只体现在能力上，心态、眼界、思维同样重要，有的时候甚至更重要。

以我个人为例，曾经有一段时间，我认为商业案例都只是简单的归纳法，学习它们是在做无用功，星巴克如何成功、阿里巴巴如何成功跟我有什么关系呢？但如今我不再这么认为了。学习商业案例最大的益处不在于依葫芦画瓢，不是它们如何做我们就做同样的动作，因为时代背景、社会认知都已经发生了很大的改变。学习它们的最大益处在于能开阔我们的视野，提升我们的想象力，让我们觉得人生有各种各样的可能性，这才是最重要、最有价值的。

很多人经常问我："樊老师，你对上市有什么看法？""你对股权价值怎么看？""公司估值到多少了怎么看？"其实我觉得这些事情并没有那么重要，如果大家多阅读一些历史书就能明白，相比于那些因为某些事业被砍头的人，挣多少钱都是一件可以接受的事情。在漫漫人生路上，有太多价值远大于眼前工作的事物。很多人会觉得失去一份工作就变得一无所有，其实这种想法完全没必要，世界上和工作毫无关系，但生活得很好的大有人在，他们同样能有自己的事业，并坚持、热爱自己的事业。

我不是鼓励大家放弃工作，而是人生有各种复杂的场景，每个人都会有不同的人生奇缘。我们不要因为工作就把躯体、思想完全局限在一块很小的地方，不能带着这种害怕失去和恐惧人生的心态来工作。同样是工作，如果我们转变思维，用一种创造性的享受人生的心态来对待眼前的事业，那么不只是工作的效率、效果会更好，我们也能获得更多的快乐。因此，人生最关键的就是，努力做自己乐意做、应该做的事情，抛弃那些束缚我们的刚性思维，充满弹性地活着。

重新思考绩效考评,创造更多的可能性

集体利益至上是很多企业坚持的一个原则,但它是否就一定意味着,员工所有的行为都必须以"为企业带来收益"这一结果为导向呢?是不是员工所做的所有工作都必须成功,不能失败,否则就会被开除呢?如果不是,那我们该如何理解利益至上呢?

IBM曾经有这样一个故事。有一名员工操作一个项目,结果导致公司亏损了2000万美元。这个数目放在任何一家公司都是让人心痛的损失,即便是国际巨头IBM。所以这名员工就找到了时任IBM总裁的郭士纳,主动承认了所有的错误,并表示愿意承担一切后果。言下之意就是公司开

除他，他也能接受。

郭士纳却对他说，公司刚刚为你交了 2000 万美元的学费，你不能一走了之，如今损失已经不是最重要的因素了，你能不能从这件事中学习到东西，能不能认真地从公司利益至上的角度思考问题、进行工作才是最关键的。

因此，所谓利益至上就如同企业给予员工的自主性一样，并不是绝对的，比如案例中的员工，如果他能从暂时的失败中深刻地反思自我，学习到正确的方法，便有可能在今后的工作中为 IBM 创造大于 2000 万美元的价值。从这样的角度出发，"利益至上"中提到的利益其实可以分为两种：一种是短期实实在在的利益，比如某个项目的收益；另一种是长期的可以预估的利益，比如研发创新、优秀员工的成长等。郭士纳强调的利益就属于后者。

KPI 并非唯一的评价标准

回顾 IBM 的案例，郭士纳之所以相信这名员工能够反思自我并实现成长，笼统一点来说，可能是因为该员工以往的表现足够好，已经展现出了成长的潜力。但其实这种"好"的定义是十分模糊的，并没有一个可量化的参考标准。从员工的角度来说，他肯定无法凭借给领导者留下的说不清道不明的好印象而获得继续在公司奋斗的安全感，为了解决这种窘境，网飞给出的答案是直接与领导进行沟通，询问相关的问题，比如询问领导如果自己离职，公司愿意付出多大的代价进行挽留。

相较于郭士纳和网飞对员工模糊的评判，市场中更为常见的评判方式是参考绩效考评，通过多个量化的指标对某一名员工进行打分，我认为它们最大的不同就在于后者采用的大多是刚性指标，以每个月或者每个季度的成绩很生硬地将员工划分为好和坏两个层级，而忽略了员工自身成长的可能性，甚至会扼杀这种可能性。因为在一些员工眼中，既然分数是最终决定好坏的标准，那么获得一个高分就成了他们的追求目标，比如讨好领导者，做领导者喜欢的事情，或者在一些具体工作上刻意凸显自己，等等。

大家想一想，如果所有员工的目光都只盯着分数，而非工作或者自身成长，那么企业长期发展的出路在哪里呢？其实这种状况很像之前"以分数为导向"的教育格局。很多老师、家长、学生都只盯着每次考试的分数，即便一次很小考试的失利，也可能给孩子带来巨大的心理压力，反而不利于孩子学习和心理的成长。改变这种压抑学生全面健康成长的教育格局，也是我们樊登读书立志要做的事情之一。

具体措施是，我们会将大量的课程输送到社会中，然后给出大量的考试机会。如此做的好处有两点：一是可以弱化考试分数在人们心中的重要程度，比如一个月考试 30 次，人们就会把考试当成常规行为，而非一种太过庄重、神圣的事情；二是用考试的方式让学员学习到知识点。我相信大家都明白一个道理，不管是在学校还是在社会上的各种培训机构中，学习到真本事、真学问才是"学习"最本质的目的，"考试"只不过是其中一个途径和检测手段而已。可悲的是以前人们本末倒置，只盯住了表象，丢了本质。

职场是一个相较于校园更为复杂、更加多元的场景，其中的人员相较于学生有更多自己的主见和想法。在网飞眼里，每个不同的想法都有可能成长为一个绝妙的创意，所以他们敢于打破被市场奉为圭臬的种种硬性制度，敢于打破领导的统一指令与要求。相较于KPI中的分数，他们更在意的是释放员工的善意，最大化每个人主观的奋斗意愿和上进心，使得公司重金招揽的每一名员工都人尽其才。

应对未来危机最好的时机就是现在

1990年至1991年的海湾战争相信大家都不会陌生，这是到目前为止，人类亲眼见证的最后一次大规模常规战争，参战双方分别是伊拉克，以及以美国为首的由34个国家组成的联军。伊拉克一方装备了大量的苏联飞机、坦克，实力不俗，所以世人都认为这将会是一场旷日持久的惨烈战争。然而事实却让所有人大跌眼镜，在美军压倒性的制空、制电子优势之下，伊拉克一方被打得毫无还手之力，最终只能接受失败的苦果。

海湾战争让所有国家明白了一个道理，在绝对的信息化优势面前，传统武器不过是一堆铁皮盒子，如同无头苍蝇一样根本找不到敌人在哪。从20世纪进入21世纪，从信息化进入网络化、数字化，很多"战争"已经在网络这个虚拟空间中悄无声息地进行了，比如震惊世界的棱镜门事件，再比如委内瑞拉全国大断电事件，它们的背后都有网络军队的影子。

这些事件其实都在讲述同一个逻辑，新一代的技术、思想、战术与传统的相比，两者根本不在同一个量级上，以新打旧，后者基本上只能坐以待毙。同样的逻辑放在职场上，其实就是疯狂世界和正常世界的区别。

可能很多人会认为，打破KPI等传统绩效考评制度是一种过于超前的思想，而且任由员工按照自己的意愿和想法立项或支出会给公司带来巨大的动荡和混乱。我是同意这种认知的，但这并不妨碍我们当下去思考这一问题。

在疯狂世界中，优秀的员工不是考出来的，而是生长出来的。现在我们要做的就是重新思考绩效考评制度，打破种种束缚思维、行为的刚性规则，给员工更大、更长远的自我成长空间和时间，从而最大化释放员工善意，不仅使他们在短期内获得工作效率、工作质量上的提升，还能在长期收获更多可能性。

共建超级球队，实现组织透明化

上学时，老师经常会教导我们要培养集体意识，在校运动会以及其他一些比赛中为班集体的荣誉而努力。其实集体意识放到职场上同样适用，只不过不应该由领导者督促员工去培养，而是双方共同努力去构建、去维护。因此我希望大家能够认识到一点，公司与员工之间并不是剥削与被剥削的关系，而应该是集体中每一个人都付出力量和心思，团结协作推动公司发展，同时使员工获得收益以及成长红利。当员工成长到一定高度打算创业时，管理者也应当大方地给予鼓励和祝福。

透明是压力，同时也是动力

就像每个班级都有调皮捣蛋的孩子一样，更为复杂的职场中同样有不愿意遵守游戏规则的、不是固定型思维的人。

我曾经见过一个特别与众不同的互联网公司，有一名员工出去自己创业。公司的老板也算是一个有影响力的名人，他给所有能联系到的投资人打电话，告诉投资人他已经把这名员工拉黑了，不能给他投资。而且老板还告诫全公司的人都拉黑他，不许跟他打交道。因为在老板的认知里，员工离职创业的行为是一种对他的背叛，让他无法接受。因此，公司里形成了一种特别奇怪的文化或者共识，对离职创业的人，大家都说他们去读 MBA 了。

在我看来，老板将员工离职视为一种背叛，是心智不成熟的体现，他把员工的"忤逆"行为解读成一种对自己的不认可、不喜欢，所以他会生气，进而做出过激的行为。

再说回集体意识。其实当一个人进入一个集体中，比如一个班级或者一家公司，并不意味着他只能属于这个集体，而且必须毫无保留地为这个集体服务。案例中的老板之所以会产生"被背叛"的认知，有一部分原因就在于他把公司当成一个大家庭，视员工为自己的私有财产。

把这种自我认知强加到每一个人身上明显是不合适的，商业市场最本质的目的是追求利益，我们无法也不应该让每一个人都与公司产生亲密关系。因此，我很不支持把公司形容为大家庭的理解和文化，凡是具有这种想法的公司，最终的结果一定是"妻离子散"。

因为家庭的特点是彼此之间相互包容，看得见优点，也容得下缺点。而且家庭成员之间存在血浓于水的感情基础，大家几乎都会无条件地支持彼此、包容彼此，以此为前提的离开才称得上背叛。

但在工作环境中，双方是一种共创共赢的关系。员工达不到公司的能力要求，公司会开除员工；公司无法给员工提供合适的工资和长远的成长前景，员工则会离开公司，这是再正常不过的事情了。因此，正确的做法应该如网飞一样，如果双方不再适合，那么就大方地给 4 个月或者 6 个月的工资，让员工离开。其实，从某种角度来说，这也是共赢的一种方式：让员工追求符合心意的前途，公司再寻找更合适的人才。

正如一句电影台词说的一样："It's not personal, It's just business（与个人恩怨无关，这只是生意而已）。"我们创办、经营一家企业，本质就是追求更大的成就和更多的收益，一个比较典型的例子就是 NBA。在转会期，大家可以看到各种大牌明星转会或者被交易，比如奥尼尔、杜兰特、哈登，他们是这颗星球上篮球技术和天赋最突出的一批人，之所以会被交易，就在于球队老板考量的是球员与球队的匹配度。

因此，从这个角度来看，一家企业其实就是一支球队，有人加入、有人离开都是再正常不过的事情。我们甚至可以认为，让一些人离开正是为了企业、球队更好地发展，给他们追求更好的目标创造更大的空间和可能性。

在我看来，此时是打造企业一致性的最佳时机。管理者应该告诉所有在职员工，这个人为什么离开以及他遇到了怎样的状况，而这个状态可能出现在每一个人身上。换言之，其他人不适应或者跟不上公司的发展节奏，一样有可能离开。我们把所有的评价标准都讲清楚，其实就是打造文化的过程。

如果管理者只是模糊地说他去读 MBA 了，或者是他有个人的安排，很容易引起大家不必要的猜测，进而引发恐慌：公司是不是出问题了？大家怎么都离开了呢？所以，不管是员工离职、管理层被降级，还是提拔、发奖金，都需要公开透明以安稳人心。

公开透明同样是球队的特点。每场比赛传几个球、有多少次助攻、跑动距离是多少，全部数据都量化地向每名球员公布。数据不会骗人，它真实地反映了球员在场上的状态，是否能够与其他人有效合作，是否积极主动，一看便知。反过来，透明的数据也会给球员以合理的压力，进而释放他们的善意，使他们爆发出更强大的战斗力。

用透明破除惯性思维

当然，管理一家公司肯定无法做到如球队一样事无巨细地公开透明，但在合理的范围内透明同样能营造一支球队的氛围，让大家都明白，公司是以数据说话，并未掺杂个人的情感和关系。

> 假设樊登读书的某个代理已经做了很多年，成绩一直都很好，但就是因为他和我有很深的私交，所以大家就有可能选择性地忽略他个人的成长和努力，只会认为他是因为和我的关系，得到了照顾才获得今天的成就。在这样的假设下，个人之间的情感就成为一个人发展的阻碍。

很多人的思维都有惯性，经常习惯性地把两件本来没有关系的事情强行连接在一起。"因为代理商与我有私人关系，所以他的成绩都拜我所赐。"大家认真思考这句话就会发现，前后根本没有必然的因果关系。可如果在现实中，有人突然发现我和代理商有私交，就会理所当然地认为这个逻辑是成立的。惯性思维使我们盲目，从而忽略了部分事实。

破解惯性思维的方法很简单，一是运营透明化，让大家看到企业一步一步成长的过程；二是培养大家的批判性思维，这也是核心方法。具备批判性思维的人能够更加全面客观地看待一件事情，能够明晰是非对错，而不会仅凭他人三言两语就仓促地对一件事、一个人下最终的定义。

前面说到，透明化的经营方式会将所有人的所有动作、所有成绩都暴露在太阳底下，此时管理者就需要面临一个问题：该如何对待那些明显有能力，但上进心不足的人呢？肯定会有人认为要给予他们一定的压力，这样才能激发他们的工作积极性。我不否认这种措施的有效性，但我同时也认为，在一个疯狂世界里，一个团体内存在一些"摸鱼"的人是无伤大雅的，他们在一定程度上反而会增加公司的趣味性。我们要做的是最大限度地激发他们的善意，一个被激发出善意的人就有可能拯救整个公司，带领公司走出另一条 S 曲线。

第五章

学会批判性思维，
做出正确决策

批判性思维是每一个人提升领导力的必经之路。只有做出和别人不一样的东西，有与别人不一样的想法，能够通过独立思考去沉淀，才会创造出价值。

管理需要批判性思维

在我过去的认知里,锻炼领导力是一件严肃的事情,涉及的理念、工具和方法论都应当是可量化、可具体描述的。但是经过这些年的思考总结,我认为除了严肃,要想把领导力这件事情搞好,最重要的就是我们要相信批判性思维。

想要深刻认识领导力和批判性思维之间的关系,首先要切实地了解批判性思维在我们日常生活和工作之中是如何发挥作用的。

查理·芒格和巴菲特共同组建了伯克希尔-哈撒韦公司,二人在投资领域和股市中纵横多年,积累了让人艳羡的财富和名声。后来根据两位大师自己的说法,他们之所以能够在暗流汹涌的股市中幸存并获得不菲的收益,最主要的原因就是他们战胜了人类的贪婪和恐惧,即查理·芒格总结的人类误判心理学中的两种情绪。

如果我们不纠结于某种具体的情绪,从一种比较宏观的角度去观察就会发现,查理·芒格和巴菲特之所以会成功,就是因为他们利用批判性思维发现了股民炒股时的心理缺陷——贪婪和恐惧,并加以改善,或者说避开了它们。这种思维放到管理者的自我修炼当中同样适用。

> 在日常的生活、工作场景中,当我们出于某些原因和其他人产生矛盾的时候,大多会因此而觉得这个人不好,并指出对方一些具体的人品或者工作能力上的问题。但是过了三个月或者半年之后,当矛盾烟消云散,我们很可能会发现,其实他并没有想象中的那么糟糕和不堪。

之所以出现这种情况,主要是因为我们被矛盾带来的情绪所影响,武断地对一个人下了定论。如果再进一步深究其本质,其实是我们的心理在作祟,我将之总结为莫名的情绪和错误的归因。

再回头去看一下股市,为什么普通散户的结局经常以血本无归或者被套牢而告终?大家都知道散户常常会有一个行为:追涨杀跌,这是一种典型的投机行为,反映在心理层面就是贪婪和恐惧。受贪婪的心理影响，判定股市会继续上涨；受恐惧的心理影响，会觉得股市可能继续下跌，结果大概率都是铩羽而归。这种现象也符合我总结的：莫名的情绪和错误的归因。

心理学与脑研究专家盖瑞·马库斯在其著作《怪诞脑科学》中创造性地将一个计算机行业术语"克鲁机"应用到了人类身上。克鲁机的原意是指由不匹配的零部件拼凑起来的系统或计算机。在《怪诞脑科学》中，作者传达了一个认知：人类的大脑只是一个半成品，生理上的缺陷决定了我们无法成为一个绝对理智、冷静的人。

这一理论是有科学依据的，我可以给大家举两个例证。

部落效应

部落效应的根本逻辑就是人类缺乏足够的理性，当我们身处一个国家、一个城市或者某一个血统认知中时，我们会忽视一定的客观因素而极力地维护这个"部落"。这是一种来自原始社会并刻在本能中的行为，它的发端是原始人类面对蛮荒环境和社会时的无助和恐惧。

批判性思维要求我们全面客观地看待部落效应。在现代商业社会的竞争中，部落效应能够在一定程度上增强企业内部的凝聚力和向心力，但是在与他人合作时，如果我们一味地维护集体的利益，反而不利于长远的发展。因此，我常和樊登读书的同事讲，虽然咱们都代表了自己的集体，但在对外合作时，没必要过度维护樊登读书的利益，很多时候，退一步才能海阔天空。

此外，受部落效应的影响，当一个人进入某个集体时，为了更好地融入其中，他会不由自主地表现出"取悦"行为，比如在言语上奉承他人或者在行动上讨好他人。长此以往，这类人会变得毫无主见、随波逐流，甚至不敢产生与集体不同的想法，因为害怕被集体淘汰。这同样是批判性思维所不提倡的。

从众行为

从众行为是指在大环境或者"部落"压力的影响下，放弃自己的坚持，改变自己的意见，顺应大多数人观点的行为。20世纪30年代的时候，谢里夫曾做过一个名为"游动错觉"的实验。实验结果表明，我们对外界的认识会受到他人和集体认识的影响，上文中提到的股市中的追涨杀跌就是典型的从众行为。为了更好地理解这一行为，大家可以做一个实验：

> 正常情况下，大家在电梯里都是面向电梯门站立，没有人会认为这样做存在问题。但如果让几个人背对着电梯门站立，去观察实验目标（后续进到电梯不知情的人），就会发现他们大多会表现出不自知、不舒服的状态，然后很

可能会转过身，同样背对电梯门站立。

心理学家做了很多实验，证明了大多数人没有思考能力的时候就会被周围的东西所裹挟。所以批判性思维对我们每一个人来讲，就是你提升领导力的必经之路。在原始社会的时候我们不追求和别人不一样，是因为追求跟别人不一样是死路一条。但是现在你要是想和别人都一样，那才是死路一条，因为现在这个社会没有那么多洪水猛兽，没有那么多生命危险，我们现在要面对的是：你只有做出和别人不一样的东西，有与别人想法不同的东西，能够通过独立思考去沉淀，你才会创造价值。

所以这就是今天大量的公司、大量的打工人越过越艰难的原因——我们依然在保持着过去的惯性，依然在保持着过去这种对安全感的过度追求和执着，然后导致我们做了很多其实并不正确的事。

锻炼批判性思维的四个维度

批判性思维对于领导力，就如同文化、价值观对于一家企业的巨大作用，它指引了领导力成长的路径，这也是我会强调批判性思维是领导力不可或缺的一部分，它能够帮助管理者打破种种惯性思维的束缚，获得真正有效的领导力的原因。想要掌握批判性思维，获得独立思考的能力，需要从思维的全面性、公平性、勇敢性和科学性四个维度入手。

思维的全面性

批判性思维需要具备全面性，我们不能单纯地被眼前的现象或信息所左右，而应当从多元的、不同的角度出发思考问题。举例来说，在所有交通工具中，最让人惧怕的是飞机，因为飞机飞在万米高空,让人失去了脚踏实地的安全感,而且一旦出现事故,生还的概率几乎为零。在脑科学中,这种现象被命名为"显著性"。

但是,有权威的统计数据显示,从事故发生率来看,飞机是目前最安全的交通工具,甚至比大家坐在家里的客厅中还要安全。

在英国广播公司任职近20年的记者迈克尔·布拉斯兰德曾与统计学家、风险问题专家戴维·施皮格哈尔特合著过一本书,名为《一念之差》。书中,两个人把骑摩托车、骑自行车、开汽车、坐在家里和坐飞机等几件事情按照危险程度进行排序,其中,最危险的事情莫过于骑摩托跑高速,其次是骑自行车,然后是开汽车,接下来就是坐在客厅里。可能会有很多人不理解最后一项,因为在人的潜意识里,"家"是最温暖、最安全的地方。但客厅的危险就存在于你的"意识"之外,比如,你滑一跤,摔倒了;你们家鱼缸被打破了,碎片划了你的脖子;吊灯掉下来正好砸在你的脑袋上。家里也会出意外,但是我们"感觉"在家里边很安全,坐飞机很危险。

事实上,飞机最安全,但是我们每次送人到机场,都会跟那个上飞机的人说一路平安。实际上应该那个人跟我们说,因为你从机场返回来,比他坐飞机飞过去要危险得多。

但是我们的大脑没有这样的反应,我们不会这样提醒自己什么是对的、什么是错的,我们特别容易被这些显著性的事情带偏、被眼前的事物带偏,这就是我们没有做到思维的全面性。

做到思维的全面性就意味着,你能够从很多不同的角度来思考同一个问题。

思维的公平性

《了不起的盖茨比》是菲茨杰拉德的一部非常有名的近代小说,很多人应该都看过或者听说过。这部小说的开篇讲述了一个道理:永远不要轻易地评判任何一个人,因为你不知道对方的经历是否与你相同,是否建立了与你相似的认知。客观、公正、理性地看待一个人、一件事,就是批判性思维中公平性极为重要的一点。

当记者的经历让我明白了一个道理,这个世界上绝对的坏人很少。一些新闻中的当事人看似做了不可饶恕的事情,但从某种角度来看也情有可原,因为每个人都有自己的心路历程和难言之隐。

> 以《了不起的盖茨比》中的主要角色之一盖茨比为例,如果从尼克的视角出发,那么他就是一个挥金如土、只为追求真爱的大富豪。但是在汤姆·布坎农的眼中,盖茨比则是一个低劣的抢夺自己妻子的酒贩子。

大家可以发现,在两个不同人的视角中,盖茨比有了两种截然不同的人设。之所以会这样，原因在于盖茨比对尼克很友善，邀请后者参加了他无法涉足的高端奢华舞会。但是对布坎农来说，盖茨比不仅是自己瞧不起的低等出身，从事的也是违法的走私事业，更为关键的是，他是自己的情敌，因此他对盖茨比恶语相向也是自然而然的事情。

对于这两种不同的解读，我们可以认为都是对的，也可以认为都是错的，但毋庸置疑的一点是，它们都无法完全定义盖茨比。由此可见，所谓思维的公平性就是要摒弃自身对于一个人、一件事的偏见，从一个更加全面、更加客观的角度去观察和思考，才能得到一个较为接近真相的结论。

在日常的工作和生活中，我很少与人发生矛盾，所以会有人认为我没什么底线，事事皆可退让。但事实并非如此，我之所以选择"退让"，是因为我觉得对方有道理，他提出的要求、所做的事情、所说的话站得住脚，能够让我信服。

许多公司的管理者在处理员工之间的矛盾时，经常会听到这样的抱怨："他根本就没理解我说话的意思""他为什么不能为我想一想"。其实公司里的这些麻烦和矛盾究其根本都是双方缺少了换位思考这一步，每个人都希望对方能站在自己的角度为自己想一想，导致每个人都不会站在对方的立场上思考，就像用两条绳子的一端系成的死结。解决的办法很简单，只要我们培养思维的公平性，努力成为首先为对方思考的人，那么这个"疙瘩"就迎刃而解了。

思维的勇敢性

思维的勇敢性就是你得敢想，你得敢做，你得敢于和别人不同。我们经常说要做到"十倍好"，后面我会详细讲"十倍好"这个工具。很多人根本就不敢想"十倍好"，他觉得这不可能——别人都没解决的事被我解决了，别人做不好的事被我做到"十倍好"了，这可能吗？

对历史有了解的人可能会发现一个十分有意思的事情：解决大问题的人往往都是Nobody（无名小卒），他们会突然从某个地方冒出来，不仅解决了问题，还做到了"十倍好"。比如，曾引发18世纪工业革命的蒸汽机，提到蒸汽机大家第一时间想到的可能是瓦特，但严格来说他只是改良者，而非发明者。那些发明蒸汽机的人，比如希罗、丹尼斯·帕潘、托马斯·塞维利、托马斯·纽科门等，也许在专业人士或者史学家的眼中他们都是大名鼎鼎的人物，但在普通人眼中，他们远不如瓦特出名，然而他们却"十倍好"地提升了自己所处时代的劳动力，实实在在推动了历史的进步。

如果要给思维的勇敢性找一个"代言人"，非爱因斯坦莫属。

在爱因斯坦发表了狭义相对论之后，人们都极为佩服他，认为他很了不起。这时候他又表示，将进军广义相对论。大多数的非专业人士可能只是听说过这两个理论的名字，但对它们的含义和意义却并不了解。简单来说，狭义相对论研究的是物体在均匀高速直线运动下的变化，比如光以每秒 30 万公里的速度移动。相对地，广义相对论研究的则是变速运动，即大质量的物体在加速运动的过程中会发生的变化。

当爱因斯坦提出广义相对论这一研究方向后，第一个给他写信的人是普朗克，他是爱因斯坦的老师，同时也是爱因斯坦的朋友。当时普朗克已经发表了普朗克公式，成为举世闻名的物理学家。

普朗克在信中劝诫爱因斯坦放弃广义相对论的研究，原因主要有两点：第一，这项研究过于复杂，复杂到远远超过了爱因斯坦数学能力所能达到的范畴，如果最后一事无成，那么爱因斯坦的一世英名就有可能毁于一旦；第二，即便能做出研究成果，这个世界上也鲜有人能够看得懂。所以普朗克认为，广义相对论的研究对爱因斯坦来说有百害而无一利。

然而爱因斯坦回信说，正因为如此，他才要这样做。

站在后人的角度来看，这种明知山有虎、偏向虎山行的气魄和勇气十分了不起，完美地展现了思维的勇敢性，敢想敢做，哪怕是"冒天下之大不韪"。不仅仅是这些伟人，在现实生活和工作中我们普通人同样需要具备这种勇敢性。比如作为一名管理者，当你想要用一款新的产品或服务去引领市场，就必须敢于挑战用户和市场的消费惯性，这样才有机会去引领新的消费趋势。

思维的科学性

在讲解思维的科学性之前，我们首先得了解什么是科学。科学最重要的特征就是可证伪性，比如人类大脑，科学家能够用仪器研究脑电波，测量大脑中分泌的神经递质。再比如从尿液中提取人类分泌的神经递质的比例，用这个比例来衡量一个人是否处于紧张状态；此外，科学家还能从尿液中提取到皮质醇、多巴胺、去甲肾上腺素等物质，并用它们来判定一个人的状态。以上这些研究都符合科学性。

然而，这个世界更多的元素和内容是不符合科学性的。举个例子，孔子说："君子求诸己，小人求诸人。"（《论语·卫灵公篇》）所有人都认同这个道理，但我们却无法展开一次严谨科学的实验去证明它，因为持续地去观察君子和小人的一生，然后做对比的方式明显是不现实的，更为关键的是，我们根本无法定义一个绝对的君子和一个绝对的小人。连实验对象都找不到，实验当然也就无从谈起。所以我把这些内容叫作智慧，它处在超越科学的层面。

但毫无疑问的是，批判性思维需要科学性。它的重要作用在于让我们明白什么叫可证伪性,从而促使我们不会轻易地相信许多通过归纳法得出的结论。

在某个领域内,有三家公司使用同一种模式都获得了成功。如果此时你也有进入该领域的意向,你会怎么想、怎么做?大多数人都会选择直接套用这种模式,但真实情况是,你可能没注意到,有另外十多家公司运用这种模式并没有成功。这就是所谓的幸存者偏差,只有活下来的公司才有机会被你注意到。

讲到这儿,我想问大家一个问题:为什么我们会如此轻易地受到幸存者偏差的影响呢?有很大一部分原因是我们采用了简单的归纳法。

相信大家都或多或少听说过或者见过一些所谓的"神医",一些地方电视台经常会邀请这些人做节目,顺便销售商品。之所以会出现这么多"神医",最主要的原因是他们不可证伪。比如,神医给某位患者治病,结果病情并没有好转,此时神医会说什么呢?大概率会把原因归咎到患者身上,比如,"我这个方子很精细,你没有完全按着方子吃,所以没效果",又或者"你是特例,和其他患者不一样,我的方子针对的是普通患者"，然后再列举三五个"有效果"的病患。这些人总是能针对不同的情景给出不同的解释，所以很难证伪。而那些上当受骗的人，大都是对这三五个"有效果"的案例做了简单的归纳并信以为真。

这两个案例都从侧面证明了批判性思维中科学性的重大作用，它保证了我们在思考问题时的严谨性，让我们不会仅根据少量的数据或案例得出最终决定性的结论。

下面我来回答大家都比较关心的问题：为什么批判性思维和领导力关系紧密呢？

全面性能够让你有能力从全局角度获取信息，建立起对事物的全面认知，为规划发展道路打下坚实基础；公平性则培养了你审慎思考的能力，不偏听，不偏信，更公平、公正、合理地处理自己与其他人或事的关系；勇敢性，显而易见，能够从内心深处给予你巨大的勇气，让你敢于尝试，敢于改变；科学性则构建了你认知一个人、一件事时慎重、严谨的态度，让你不会急于下定论。

控制杏仁核，用大脑皮层做事

领导力在我看来就是一种反人性的东西，或者说是一种人性升华的东西，因为它需要对抗我们人类使用"杏仁核"（又称杏仁体，是产生、识别、调节情绪的脑部组织）做事的冲动的天性。

人类学的研究表明，我们的很多本性、情绪都是受杏仁核控制的。比如，当员工在公司内无法获得安全感和归属感，开始在言语和行为上攻击别人时，就是杏仁核在发挥作用；当员工缺少上进心，当一天和尚撞一天钟时，也是杏仁核在起作用；当员工对眼前的环境、同事、工作内容表达不满，整天抱怨其他人不理解自己时，依旧是杏仁核在散发"魔力"。

杏仁核就是人的本性，它最主要的职责就是掌控两件事：打或者逃。

如果大家通过"杏仁核"的角度来审视自己的生活和工作就能够发现，被杏仁核控制的打或逃的行为其实有很多。

> 有这样一则新闻，主角是一位空少。这位空少在一次飞机落地之后，直接打开了飞机的安全舱门，放下了危急时刻才会使用的滑梯，直接滑了下去，然后大声宣布自己辞职了。这是一种严重违反公司安全条例的行为，后果非常严重，他也因此被拘留了好几天。不过，他在这样做的时候也已经想到了这种后果，而且他的目的就是辞职。这就是一种"逃"的行为。

这样的行为并不是特例，相信很多职场白领都曾有过类似的冲动，尤其是在遇到来自公司和工作的压力、矛盾或刁难的时候。但如果大家能够平心静气地想一想，眼前的工作其实并没有痛苦到让人发疯的程度，一个人如果做出了发疯的任性行为，更多的还是受到了自我内心的影响，外在环境起到的只不过是推波助澜的作用。比如，《悲惨世界》中的冉·阿让，为了养活姐姐和她的7个孩子，拼命工作却只能换取微薄的薪酬，但是他并没有发疯；《平凡的世界》中，孙少平为了承担家庭的重担去煤矿当矿工，同样没有因为来自生活的巨大压力而发疯。可见，如何对待眼前的工作，取决于如何认识它。

打或逃的心理一旦形成，会给我们带来很大的影响。而且，建立这种心理的过程十分容易受到他人的影响。如今有很多管理者喜欢给员工洗脑，比如他们会和员工说，现在的工作环境极为残酷，跳槽换工作的风险很大，目的就是营造员工紧张、害怕的心理，让他们不敢轻易地辞职。我不支持这种做法，这对员工太不公平。我会告诉大家，如果条件允许，辞职去创业或许对你们的前途更加有利。

管理者想要获得领导力，一定要战胜自己的杏仁核，避免它过度影响自己，即要用大脑皮层而非杏仁核做事。

大脑皮层主要掌控的是我们的幽默感，一个人能够开玩笑、讲笑话，就是大脑皮层在发挥作用，如果他很紧张，就很难有想笑的情绪。此外，思维逻辑、好奇心、共情能力等，都来自放松的大脑皮层。

我之所以要强调"放松的大脑皮层"，是因为它和杏仁核之间的关系十分奇妙。大脑皮层的生长发育与压力的大小成反比，即压力大的时候，大脑皮层会停止发育，反之则正常发育。在实际的工作环境中，杏仁核发达的人特别好识别，他们有一些特点，比如看起来十分有干劲，但也非常容易崩溃、容易放弃，无法有效控制自己的情绪。相对地，如果是大脑皮层发达的人，可能看起来对任何事都无所谓，但做事时思维沉稳、愿意思考问题、解决问题。

因此我们应当练习去掌控杏仁核，让大脑皮层有效发育。

从这个角度来看，经营一家企业，面对残酷的市场竞争，本质上比拼的就是企业管理者对大脑皮层、杏仁核的掌控能力。

相信大家都看过不少家长陪孩子写作业的视频，家长因为孩子不会做他们看起来特别简单的题目，就气得抓耳挠腮，甚至身体健康出现问题。之所以出现这种情况，就是因为这些家长没能掌控自己的杏仁核，任由愤怒、不满等负面情绪扩散。而大脑皮层处于被压抑的状态时，积极的情绪就得不到舒展，结果导致无法正常冷静地思考。其实在我看来，孩子做不出一些题目是再正常不过的事情了，要不然学习的价值从何体现呢？

当我们反思这些事情时就会发现，我们需要为培养大脑皮层营造一个低压、放松的环境，让后者主导我们做事的逻辑。

大家再回顾一下家长辅导孩子做作业的场景，我们已经分析了家长，如果从孩子的角度再去看待这个场景，便可以发现父母的负面情绪会给孩子带来巨大的负面影响，会导致他们花费更多的心力去观察、照顾父母的情绪，避免他们再一次"爆炸"。如此一来，恐惧、惊恐、压力会反作用到孩子的学习上，形成一个消极的死循环。

这种亲子关系完全可以对应到职场中，各位管理者一定要认真思考一个问题，就是自己在与员工的交往过程中给他们留下了怎样的印象或者形象。一般来说，老板的形象可以分为两种。

杏仁核式老板

和大家分享一件家庭趣事。在嘟嘟小的时候,有一次他看到我家门口的一个招牌,就一直喊"京八别黑鸟"。我听了十分好奇,想什么是"京八别黑鸟"?过去一看发现他只读对了一半,即把"京八珍熏鸡"读成了"京八别黑鸟"。孩子的这种行为,放在任何一个家庭中,都会是一个特别美好的回忆,也从来不会有人对一个孩子说:"你念得不对,站在这儿跟我念10遍。"如果家长真的如此较真,极有可能给孩子造成很大的心理压力。

相信大家都看过《士兵突击》,这是一部十分优秀的军旅题材电视剧。许三多参军之前,在父亲许百顺"打击式"的教育下目光呆滞,胆小懦弱,话说不好,甚至不敢正眼看人。如果不是班长史今把许三多带进了部队,那么后者的一生就已经定型了。这就是心理压力对一个人人生的影响。

再说回企业管理,如果老板是一位情绪容易失控的"父母",一如许三多的父亲,那么员工可能会变得谨小慎微,时刻提心吊胆,害怕老板发飙,进而就会把绝大部分精力花费在琢磨老板的心思上,想方设法让老板的情绪能够保持在"爆炸点"以下。

这种情况一旦形成,便会影响各个环节的工作效率。比如员工提出了一个方案，被老板出于某些原因否决了，员工极有可能把老板的行为解读为一种批评、指责或否定，就如同被父母批评、吓到的孩子一样，从而影响接下来的工作。大家试想一下，一个充满压力的工作环境，一群主要心思不在工作上的员工，再加上一位"易燃易爆"的老板，企业的前景会怎样呢？

大脑皮层式老板

如果老板成功控制了杏仁核，以大脑皮层主导与员工的互动，老板就能够表现出足够的通情达理和善解人意。当老板能够体谅员工的困难与不足并给予及时的鼓励和帮助，自然就会营造出一种低压和舒适的工作环境，这对员工大脑皮层的发育也是非常有益的。他们不用在取悦老板这件事上花费精力，工作积极性和上进心都会被极大地调动起来，也会把大部分精力放到自身成长和工作上。

一个大脑皮层活跃的员工能为企业带来的价值远不止他表现出来的工作能力，他们往往可以与其他人建立积极友善的关系，为他人以及整个团队带来有促进作用的正能量。更关键的是，如果仔细观察这类人，你会发现他们永远在提出新想法、新方案，攻坚克难的路上也少不了他们的身影。

在人类大脑边缘系统的构成中，杏仁核只是不起眼的一个小部件，然而它带给人类的影响——愤怒、贪婪等负面情绪的产生——却是巨大的。杏仁核就像是一头无意识的野兽，如果人类攥紧缰绳，就可以成为它的主人，否则就会被反噬。由此可见，对一位时刻能影响员工、公司发展和前途的领导者来说，控制自己的杏仁核就显得尤为重要了。而大脑皮层更像是一匹驯顺的坐骑，在不被压制的情况下能够给我们带来很多积极情绪，比如刚才提到的幽默感、好奇心、逻辑等。

因此，一名合格的管理者或者说成熟的领导者，一定要做到自我掌控，控制杏仁核，用大脑皮层做事。

读懂人类误判心理学，掌控大脑思考系统

人类误判心理学是领导力极为重要的一个组成部分，它让我们懂得了一些日常工作中难以察觉的错误想法。以它为桥梁，管理者能够更好地触达员工的心理领域，从而在员工出现各种问题的时候能够迅速洞察到根本原因，并找到对应的解决方法。

方法一：感受慢的优势

《思考，快与慢》一书由 2002 年诺贝尔经济学奖得主丹尼尔·卡尼曼撰写，系统化、体系化地梳理了人类误判心理学的知识和内核，这本书在面世后的 10 年时间里，成为美国几乎所有与心理、领导力、自助类畅销书的理论支撑。

卡尼曼在书中提出了一个理论，即人类的大脑有快与慢两

种运作方式。"快"是指无意识的系统 1，它能够基于我们已有的经验、记忆、本能等元素，对正在发生的事情做出迅速的判断，也可以理解为一种下意识的反应。但系统 1 是典型的经验主义者，而且顽固地坚持"眼见即为事实"的理念。此外，恐惧、贪婪、乐观、偏见等心理或情绪也会严重影响系统 1 判断的客观性和准确性。

"慢"对应的是系统 2。系统 2 之所以慢，是因为它会调动注意力来解读、分析眼前的情况，然后才会做出决定。慢的优势在于，它给人们留有足够的思考时间，保证了批判性思维的全面性、公平性、勇敢性和科学性，在一定程度上提升了决定的准确性。因此，大家在培养批判性思维和领导力时，应当更多地调动系统 2 去思考，而不是任由系统 1 掌控大脑。

在讲领导力课程的时候，我一直和学员们强调，掌握领导力的一大前提是具备深刻的自我反思能力。同时我也强调，反思并不意味着持续不断地给自己挑错，甚至过度地自我贬低或自我指责。换句话说，在反思时，我们需要以系统 2 作为主导，不能让"心直口快"的系统 1 批评我们。

用杏仁核（也就是用本性）做事的人，他们反思、改变的节奏大多是：首先意识到自己的错误，然后自我批评，之后是制定改正措施，一般而言也会立一个 flag（这里指目标），但最终的结果却是没有任何实质性的改变。接下来，他们会进行下一轮的自我反思，又立 flag，然后又一事无成，如此循环往复。之所以会出现这种情况，是因为他们受到太多他人的批评或消极评价，进而把反思、定目标当成一种自我保护的手段，而不是自我进步的阶梯。

真正有效的反思应该分三步进行。第一步是意识，即察觉到自身存在的问题。第二步是接纳。我想要强调的是，很多受系统1支配的人会下意识地抵制问题，或者为问题的存在找各种各样的理由来欺骗自己，如果我们连接纳、承认都做不到，那么即便问题解决了，又有什么意义呢？所以鼓起勇气接纳问题是非常重要的，这同样是批判性思维勇敢性的一种体现。第三步是尝试，要不断地尝试，一种方法不行就换另一种，直至问题得到解决。

> 给大家举一个生活中的例子：戒酒。有一个人尝试了很多办法戒酒，但是最后都失败了，然后他跑去和医生讲自己失败了，戒不掉。医生的高明之处在于，并没有评论他失败的原因，也没有讲人生和健康的道理，而是直接给了他两个选择：第一个选择是承认戒酒失败，就此放弃；第二个选择是接纳已经失败的事实，但要再接再厉继续进行尝试。这个人选择了第二个建议，最终戒酒成功。

我们能学会任何一项技能、做成任何一件事，其实都来自不断地失败、不断地站起来继续尝试。试想一下，我们小时候学走路的时候，摔跤是再正常不过的事情了，如果因为怕疼就选择放弃，很可能一辈子也学不会走路。

再比如学习一门语言，可以肯定地说，中文绝对是全世界最难学的语言之一。英文只有 26 个字母，无非就是不断地相互组合，相对来说比较简单。但中文仅常用字就用 3000 多个，不同的汉字相互组合又有不同的含义，所以很少有外国人能把中文学得特别透彻。

通过这个对比，我们可以从某种角度来解释一种现象，即学校里很多孩子之所以学不好英语，最关键的原因就是，系统 1 在孩子接触英语的第一时间就告诉他们英语很难学，而家长和老师的批判也增加了他们对英语的抵触心理，因此学着学着就放弃了。

孩子学走路、学英语是这个道理，延伸到企业管理者在学习经营、培养领导力的时候也是如此。对此，我们可以把系统 1、系统 2 与杏仁核、大脑皮层对应起来理解。如果管理者以系统 1 思考问题，即快速地下定论、做决定，必然很难做到全面和客观，而此时受杏仁核控制的负面情绪也会扩散。比如，很多管理者会因为某一次工作失误，或者某一阶段的工作失利，就认定一个有前途的员工能力不足，进而对他产生厌恶，甚至开始打压，这对企业的发展无疑是极为不利的，管理者自身领导力的提升也将遇到巨大阻碍。

因此，在培养领导力这件事上，系统1就像一面巨大的镜子，可以让我们时时自省、反思。相对应地，系统2才是主力武器，它让我们保持冷静、专注思考，进而促进大脑皮层的发育，最终成为一名大脑皮层式的老板。

方法二：过滤干扰信息，坚定自己的信念

很多人读过《穷查理宝典》，在这本书的最后一章中，查理·芒格提出了25种很常见但又不易察觉的错误心理。比如，普通的股民之所以很难赚到钱，就是因为任由杏仁核"作威作福"，从而被市场变化带来的恐惧所掌控，看到股票下跌时，根本不敢进场。但是实际上，空头掌控股市时或许才是购买股票的好时机。当然，这只是妇孺皆知的理论，也就是低买高卖，到了用真金白银操作的时候，股市又变得变幻莫测难以捉摸。因此，常见的情况反而是高买低卖，所谓的"韭菜"就是这么诞生的。

因此，如果想在股票市场中赚到钱，就必须有像查理·芒格或者巴菲特一样的粗神经，它的典型特点就是泰山崩于前而色不变。他们很少被市场或环境影响，始终坚持自己的判断，即使在被质疑的时候。比如在2007年到2008年这段时间，整个科技股市场的上涨势头非常迅猛，巴菲特却不为所动。当时他手里持有的包括可口可乐在内的多只股票表现平平，因此出现了一些

风言风语。但是，在度过涨跌起伏的周期之后，大家才猛然发现，巴菲特的年收益高达19%。更难能可贵的是，他这条坚持自我的路一直走了50多年。

巴菲特跨越涨跌起伏周期的行为，就是我们常讲的穿越周期。大家一定要明白，做到穿越周期是一件极为困难的事情。最关键的就是保持心态平稳，不被市场短期走势、他人的判断以及其他纷杂的信息所干扰。简单来说可以用9个字概括：坚持自我，不盲目跟风。

著名主持人曹可凡老师之前对我做过一次采访，在交流的过程中，曹老师对我说，樊登读书跟上了知识付费的风。我马上纠正说，我们不是跟上了这个风，而是创造了这股风。樊登读书从来没有盲目跟随过什么趋势，我们一直坚定地走在自己的道路上。

可能有人会说：跟随已有的市场趋势也可以成就一番事业。在一定程度上我是承认这种观点的，因为通过这种方法成功的案例确实很多。但正如我在前面提到的一个认知误区：幸存者偏差，大家只看到了活下来的公司，却不知道倒下去的其实更多。所以我才会强调，企业管理者一定不能有跟风思想，没有人知道市场的波峰和波谷会在什么地方生成，我们能做的就是坚守自己的信念，做自己该做的事。

不知道大家发现没有，"慢"和坚定自我其实是相辅相成的。纵览所有能够为人称道的成功，很少有一蹴而就的，换句话说，伟大的事业需要长久的努力和坚定不移的信念，穿越股市周期如此，培养领导力管理好一家企业也是如此。

人类误判心理学的巨大价值在于，它一方面给我们提供了一个观察自我、反思自我的模板，让我们明白错误的根本原因；另一方面，它又是一个放大镜，帮助我们发现企业、员工存在的问题。这里要强调一点，发现他人问题的初衷和目的是找到解决方案，对相关内容加以改善，而不是以问题为把柄去批评、打压他人。归根结底，人类误判心理学是我们心中的一个"提醒器"，督促我们多使用系统2，"慢"而坚定地走自己的路。

第六章

成为优秀的管理者，
让人才为我所用

管理者的重要使命是培养人才，让人才在自己的手中发挥最大的价值和作用。通过获得信任，搭建团队，掌握培养员工的有效时机和手段，实现一个管理者的自我成长。

管理者的角色是通过他人来完成工作

管理是一项多元化的工作，管理者是一个复杂的角色。相较于普通员工，管理者工作的重心在于"管理"二字，所以我以前在讲可复制的领导力时，一直强调身为管理者一定要及时有效地完成沟通的任务，让大家对目标及其具体内容建立一个清晰明了的认知。这是管理者身为沟通角色的一面。

培养他人是借助他人完成工作的前提

扮演好了沟通角色，并不意味着我们就成了一名优秀的管理者。任何一款实时通信 App（应用程序）都能胜任传递信息的角色，但 App 代替不了任何一名管理者。大家仔细思考"管理"二字，分开来解读就是"管"和"理"。其中"管"的内容包括但不限于给员工分配任务、传递目标以及确保人岗匹配等,它更偏向于实际的工作;而"理"则是理顺员工与公司、与目标、与管理者以及与自身的关系,比如激发善意,它更注重心理层面的因素。

不管是实际工作还是心理层面的因素,管理者的工作都与员工息息相关。从这个角度来说,我认为管理者的定义是,要学会通过别人来完成工作。这个定义一点都不玄妙,而且听起来似乎没有什么道理。但是大家参照自己的工作经验和见闻认真想一想就会发现,一个知道通过他人完成工作的领导者和一个不知道这个定义的领导者,两者之间存在着巨大的差距。

人们对后者的印象一般都是身先士卒,事事追求亲力亲为。如此管理的好处在于十分接地气,确保了一切尽在掌握之中,工作推进也会比较快。对管理者来说,掌控一切细节和进度意味着很强的安全感,而且还可以极为精确地分配人员和工作,节省员工成本。

但是相对地,如此行事也会给组织带来许多阻碍,如果用一个词来概括,那就是"成长"。人一天的时间是有限的,如果被具体事物占用了太多的时间,管理者就没有闲余空间来放空自己,做同样重要的务虚思考。大家要明白,管理者能力的成长应该更偏重于领导力,而非太过于强调具体的某一项能力。

从员工的角度来讲,员工大多不会喜欢和接受这种管理者。如果管理者亲力亲为地过问所有任务的每一处细节,一方面员工必然会产生一种不被信任的感觉，甚至可能会开始怀疑自己的能力是否存在问题，这对一名员工的成长来说是极为不利的；另一方面，即便员工不会自我怀疑，管理者的这种行为也会严重阻碍员工的成长。

很多人应该发现了其中的矛盾之处，管理者劳心劳力最终却得到一个吃力不讨好的结果。其实归根结底，我认为还是管理者要摆正自身心态。公司是一个相对开放的环境，前途究竟如何是要靠所有成员齐心协力共同创造的。管理者干预每一项任务的做法看似减轻了员工的负担，提升了工作推进的效率和速度，然而很明显，这只是短期利益，甚至只能称为某个项目的利益。

同时，管理者没有务虚思考，领导力自然也就难以成长；员工的锻炼空间被压榨，同样无法完成成长。长此以往，公司的发展与成长必将受到限制。

再回到我对管理者的定义，即通过别人来完成工作，实际它真正的含义是，一名管理者在保证完成工作指标外，永远都有一个极为重要的任务：培养他人成长。我用了一整章的篇幅讲解"释放员工善意"，其本质同样是推动员工成长，即便把它放在管理者工作的首位也不过分。在这方面，历史上有很多值得我们学习、借鉴的名人。

首先是诸葛亮。我在读《三国志》时发现，如果用商业的眼光去看待诸葛亮，那么他一定不是一个优秀的领导者。大家都知道，如果用一句话概括诸葛亮的一生，那就是鞠躬尽瘁，死而后已。每一场战役的每一个细节他都想抓住，很少留给其他人成长的空间，这就导致到了蜀国后期，诸葛亮几乎无可用之人。赵云年事已高，仍旧在做先锋官；有战略思维和能力的魏延却得不到重用，他做的几乎所有决定都被诸葛亮推翻了，后来魏延也因为种种原因被杀掉了。蜀国最终的结局就是"蜀中无大将，廖化作先锋"。

其次是刘邦。大家可能都知道，刘邦有一句口头禅："这件事该怎么办呢？"从听众的角度来看，这是一个很开放的问题，给了自己的谋臣、将领足够的发挥空间，所以他能够拥有张良、陈平、萧何、韩信等一大批运筹帷幄、决胜千里的人才。

再看看刘邦最大的对手项羽。其实刘邦特别惧怕项羽，因为后者十分厉害。然而历史的结果告诉我们，虽然刘邦跟项羽打仗几乎没怎么赢过，但前者的地盘越打越大，人才越打越多，原因就在于项羽刚愎自用，难以信任自己的手下。

综观任何一个集体的发展，优秀的管理者都十分重要。一名优秀的管理者能有效地催生出源源不断的新鲜血液，推动集体一步一步地走向目标。因此，一个管理者管理能力的高低，绝对不能仅仅简单地按其业绩产出进行评价，还要观察他所领导的团队内部人员的进步情况，否则良好的业绩只能证明他有出众的业务能力，而没有出色的领导能力和管理能力，而后者才是我们应该注重的要素。

学会理事，学会管人

市场中存在一个很奇怪的现象，即有一些人在岗位上明明取得了不俗的业绩，但却一直无法百尺竿头更进一步。这其中的原因很简单，因为他对这个岗位来说过于重要，其他人很难取而代之，换言之，他没有培养出一个能够取代他的优秀人才，也就是没有引导人才成长的能力。

> 我在北大上课的时候有一个学生，他曾经任职星巴克的人力资源总监。他和我讲过一条星巴克人力资源体系中的规则：一名店长想要升任区长需要满足一个先决条件，即他所在的门店内至少得培养另外两名店长，否则就证明他只有店长的能力和素质，无法胜任区长的职务。

全球 50 大管理思想家之一的埃米尼亚·伊贝拉在他的《能力陷阱》一书中阐明过一个观点，如果管理者被自己的能力限制住，那么他就无法有效地锻炼员工，培养人才。众所周知，培养他人成长是一件极其消耗时间、精力和资源的事情，因为其中牵扯到另一个知识点：时间管理。在我看来，将时间管理和管理者角色结合起来是十分重要的。

学习过时间管理的人应该都知道，我们可以根据事情的重要及紧急程度把它们分为四类（如图6-1所示）：既重要又紧急，重要但不紧急，既不重要又不紧急，不重要但紧急。梳理清楚后，我们应该重点关注的其实是"重要但不紧急"的事情。然而在实际的工作环境中，大家更加在意且投入最多时间和精力的反而是重要且紧急的事情。之所以会如此，是因为这些事情具有鲜明性的特征。

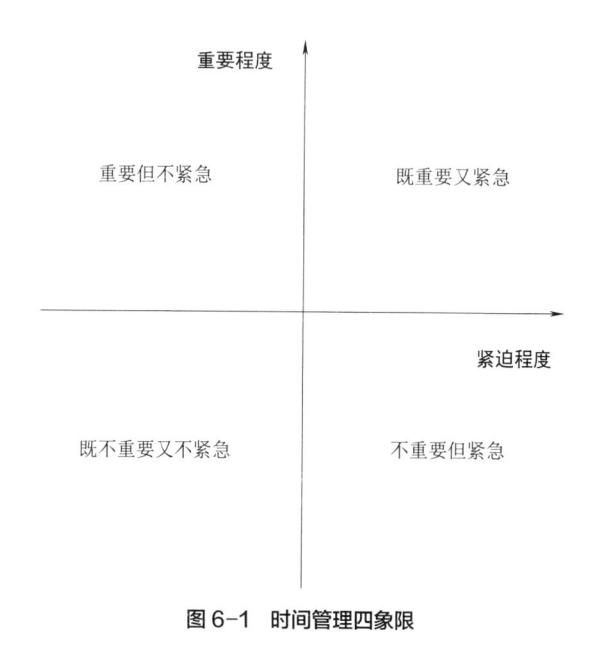

图 6-1 时间管理四象限

和大家分享一件十分有趣的事情。英国有一个女孩因为做了一件十分了不起的事情而受到了女王的接见，等到真正见面，走到女王面前准备握手时，女孩的手机突然响了，而且一直响个不停。此时女王说，你先接电话吧，听起来似乎很重要。

那些既重要又紧急的事情之所以具有鲜明性，就是因为它们如同一直响的手机铃声一样吸引我们的注意力，催促我们赶快去完成。一般而言，处理此类事情会给员工造成极大的时间压力和心理压力，工作质量或多或少都会受到影响，这明显不是一种理想的企业发展状态。从这种状态反推，之所以会出现这么多既重要又紧急的事情，很大的一个原因就是重要但不紧急的事情没有及时完成。这也解释了为什么时间管理四象限法则推荐重点关注"重要但不紧急"的事情。

举个简单的例子。假如我们有一个没经过专业训练的客服，只是凭借感觉和个人经验去回复客户的意见与投诉，那么大概率会发生比投诉更麻烦的事情，甚至是企业危机。

一件重要但不紧急的事情长期处于未完成的状态，必然会引发大量既重要且紧急的事情，为了解决后者，我们可能需要付出10倍甚至更多的精力。如果在此基础上再次深究就会发现，发生此类非良性转变的核心原因在于企业没有训练好员工,没有培养他们及时完成工作的习惯。

至此,我相信大家都能明白一个道理:管人和理事有着相同的逻辑。在理事时,我们应该着重关注重要但不紧急的事情,不能等它们变得既重要又紧急时再去处理。管理者需要借助他人来完成工作,但前提是要努力培养他人成长,不能事到临头再想着找人,否则万事休矣。

把握培养员工的有效时机和途径

意识到培养员工的重要性只是第一步，把握好培养员工的有效时机同样重要。

很多人认为，员工因为某种原因决定离开或者被开除的时候是进行培养的好时机，但很多时候这样做等于在为竞争对手作嫁衣。也有人认为，员工做错事或者没有达到既定目标的时候进行培养比较好，其实也不是，因为一个有责任心的员工在事后一定能够意识到自身的问题，从而自行加以改正，管理者没有必要再次强调，而是应该产生认同，建立感情。

在正确的时间给出反馈

在我看来，塑造人类行为最有效的时间就是在他们做对事情的时候。因为人和机器不一样，后者的特点是纠错，因此我们在对待一辆汽车时，最有效的办法就是出问题时及时修理，这是机器的逻辑。人的特点则完全相反，人会出现修不完的问题。假如我们每天都盯着员工的错误，不断地要求他们改正，那么就会造成员工的问题、错误越"修"越多的结果。而且，人类的另一个特点——大多数时候会在管理者身上体现——就是当我们"恨屋及乌"，因为一个缺点而不喜欢某位员工时，员工所做的一切都会成为"问题"。

从这个角度来说，我们或多或少都会受到自己情感和认知的影响，也就没有人能够做到绝对的公平公正，比如爱屋及乌、"恨屋及乌"。因此我们就要不断告诫自己，虽然人无法做到绝对的公平公正，但也不能陷入后面一种情绪之中，警惕自己挑毛病的习惯，否则团队就没有一个可用之人了。

这个观点并不是我闭门造车空想出来的，有很多心理学实验已经证明，我给大家列举一个训练小狗的案例。当然，我并不是说人和狗一样，而是从科学的角度来讲，狗的智商大致相当于人类3~4岁的孩子，它可以视为人类的一种模拟，具有一定的参考价值。

有一个人养了一只名为闪闪的小狗，十分可爱，每次主人一出现，闪闪就会围着他打转。但这个主人非常讨厌它，因为小狗总是处于特别兴奋的状态，在屋里到处跑，而且会做出挠沙发等破坏家具的行为。当小狗的主人想要控制闪闪，去追它的时候，小狗反而更兴奋了。出于无奈，这个主人就去了宠物医院，找专业人士询问为什么会这样。

宠物医生告诉他，他和小狗的互动方式完全错了。主人总是在小狗做错事情时和它互动，此时就会向小狗传递一个信号，让它认为自己在做主人喜欢的事情，所以它才会不断强化那些在主人看来错误的行为。狗并不能完全理解人类的行为和情绪，它更多地把主人的叫喊视为一种反馈。当我们在错的时间给出反馈，最终一定会得到一个我们不喜欢的结果。

反过来，当小狗处于安静状态时，也就是主人期望的一种状态时，后者只会认为这是一种应该的、自然而然的状态，所以不会给出反馈，小狗因此就无法建立"安静是对的"这种认知。其实纠正方式特别简单，当小狗上蹿下跳闹腾的时候，我们选择忽视它，即不给它反馈；当小狗安静时，我们立刻过去抚摸它，或者给它一些零食奖励，帮助它理解正确的状况。

在正确的时间给出反馈才能得到正确的结果，不管是训练一只小狗还是培养企业员工，这都是行之有效的一个原则。

有效的二级反馈才能得到有效的结果

关于上面的那个原则，有人曾经问我："我就是这么做的，为什么效果不好呢？"中国文化讲究的是中正平和，表达情感时更偏向于含蓄，所以很多管理者在表扬一名员工时，往往只是给对方一个关爱、鼓励的眼神，或者走过去意味深长地拍一拍他的肩膀。然而受表扬者经常会因为领悟不到管理者过于含蓄的情感而感到莫名其妙，最终导致一个正向的反馈并没有获得应有的效果。

大家要明白，在沟通中存在一级反馈和二级反馈的区分。比如鼓励的眼神、拍一拍肩膀等行为因为过于朦胧，让人产生一种云里雾里的感觉，导致反馈的力度不够强烈，所以属于一级反馈。我想强调的是，大家千万不要站在自己的认知和思维角度去理解他人，因为有太多因素会导致两个人对同一件事产生不同的看法，比如经验、格局、知识储备、所处的位置等。在实际的工作中，员工的责任感、能力、创造性思维等诸多素质都影响着一项任务的完成质量，如果管理者只是给出模糊的一级反馈，那么员工就很难建立一个关于自己、关于工作的全面、正确的认知。

相对地，直接表达自己的情感，并且讲清楚为什么、是什么，让对方能够清晰明了地接收到我们发出的信息，则具备很强的反馈力度，属于二级反馈。它体现的是一位领导者的价值观和管理水平，我们在教育孩子、培养员工时应当采用的就是这种反馈方式。

接下来,我将通过一个心理学实验来说明应该怎样传递二级反馈,或者传递什么样的二级反馈。

一个心理学实验室找来了两组孩子,分别发给他们同样的拼图,但是在完成后给出不同的评价。第一组的评价是:"你们真厉害,这么难的拼图都能拼出来,真是太聪明了。"第二组的评价是:"太棒了,完成得这么好,你们真是善于探索和坚持。"两组评价都是二级反馈,而且区别非常小,一组夸奖的重点是聪明才智,另一组是探索与坚持的精神。然而就是这么一点小小的区别,导致两组小孩在后续实验中展现出了不同的面貌。

完成第一阶段后,实验人员给这些孩子发了大量的难度不一的拼图,告诉他们随便玩,然后再悄悄地分别观察两组孩子的行为表现。其中,得到"聪明"评价的孩子为了保持这个结果,自然而然更多地选择简单的拼图,而被评价具备探索精神的孩子则会选择更难、更具挑战性的拼图,其目的同样是保持实验人员给出的评价。

同样是正向积极的二级反馈,之所以得到截然不同甚至是具备相反意味的结果,正是因为实验人员对第一组孩子评价的重点在结果,即聪明,第二组的重点在过程,即探索和坚持的精神。

这也是我们在培养员工时必须要注意的一点。当管理者表现得过于在意最终结果时，就会导致员工形成一种固定型人格和工作认知：只要结果，不要过程。这种思维会对一名员工的成长、对一家企业的发展造成多大危害，我想已经不需要再多做阐述。而注重过程再拿结果的思维逻辑则是一种典型的成长型思维，同样也是我们激发员工善意、培养员工成长的根本目的。

学会前瞻性人才保留，预防优秀人才流失

人才流失几乎是困扰所有企业的一个顽疾，区别只不过是企业与企业之间流失率的高与低而已。面对这种状况我不禁想问大家一个问题：在面对一个决定离职的员工时，你会怎样挽留他，或者说你愿意付出多少代价去留住他呢？

大多数时候，如果面对的是一名资历尚浅、只是因为一时冲动而选择辞职的小白员工，我们很可能会去简单地劝解一下，进行心理开导之后他们有可能会选择留下来。但是，当我们面对的是一名成熟型员工时，这样做很可能就不管用了。成熟型员工大多已经有了足够的经验和认知去判断自己的处境，如果他是在深思熟虑之后，或者是在谈好下一份工作之后才决心要离开的，那么这时候管理者做任何动作意义都不大。我甚至见过一些人决定

要离开一家公司，连年终奖都舍得抛弃，足见其决心之坚定。

因此，不管是针对小白员工还是成熟员工，在他们提出离职之后，管理者做出的挽留行为都可以称为被动性人才保留，一般而言成功率不高。

用四象限绘制员工的人物画像

被动性人才保留的成功率之所以不高，其实关键就在于"被动"两个字。以一名成熟型员工离职为例，如果他已经与其他公司谈妥，那么我们很难全面地了解他们双方达成了怎样的协议，具体内容是什么。如此一来，在做人才保留时，如果低于他们的协议内容，必然没有效果；如果为了确保能够挽留成功而开得条件过高，公司的运营成本又将会是一笔不小的负担。这就是一个两难的处境，同时也是被动的原因。

打破这种被动局面的方法其实很简单，就是避免它的形成，即做到前瞻性人才保留。相信大家都能理解，与被动性人才保留相反，前瞻性人才保留是在人才下决心离开之前做出的挽留动作。关于具体的操作细节，我给大家做一个简单的示范。

首先在一张白纸上画一个坐标系，其横坐标的值代表风险，纵坐标的值代表贡献。值的范围都是从 0 到 10，其中风险值越小，就代表着员工离职的可能性越低。由此就会形成四个象限（如图6-2所示），每个象限分别命名为高风险高贡献、高风险低贡献、低风险低贡献、低风险高贡献。

然后任意选定一名公司或者部门里的员工、同事，尽量以一种公平、客观、第三方的角度去评价其贡献和风险。这一点十分重要，因为我们不能以自己的情感评判、影响另一个人关于利益和前途的选择，比如我们特别喜欢某一个员工，但如果公司给不了他期望的薪资和未来，那么他一定会选择离开。

当我们根据员工的贡献程度和离职可能性标记好贡献值和风险值后，便可以获得一个清晰明了的员工人物画像，也就是这名员工处在哪一个象限。

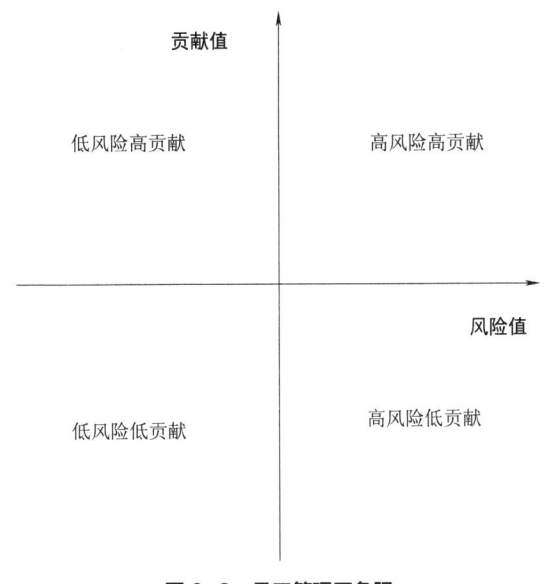

图6-2 员工管理四象限

首先，处于高风险低贡献象限的员工一般都是无心工作，总想着以换工作来涨工资的人。对于这类员工，我认为管理者无须花费时间与精力挽留，意义和作用都不大。

其次就是高风险高贡献的员工。他们能力很强，可以为公司做出很多贡献，但同时这类员工也有许多自己的想法和打算，如果与企业的目标、规划发生冲突，他们就很有可能十分坚定地选择离开。

我相信很多企业在处理这类员工时都十分头疼，也是花费时间最多的一类人：想要器重他们，开放更多的资源和权限，但又害怕他们随时都有可能离开。在我看来，前瞻性地挽留这类员工其实就是一个简单的算术问题，即投入产出比。如果收入大于产出，则值得挽留，否则就需要再深入思考是否有必要投入大量的资源和精力。

再次是低风险低贡献的员工，他们的特点是害怕失去当前的工作，为人踏实用心，而且愿意付出时间和努力去完成领导分配的工作，只是囿于能力很难做出特别出色的贡献。其实这种员工在职场中并不少见，而且一部分管理者也喜欢这类人，愿意在他们身上花时间帮助他们成长。

最后就是大家都喜欢的一类员工：低风险高贡献，综合素质高于一般员工，贡献值也高于一般员工，而且对企业的忠诚度很高，不会轻易离职。

充分理解员工是前瞻性人才保留的前提

当我们把所有员工放入四个象限之中，其实就意味着获得了前瞻性人才保留的途径：放弃高风险低贡献的员工，培养低风险低贡献的员工，重点评比高风险高贡献的员工，至于低风险高贡献的员工，可能在很多管理者的认知里，这类员工对公司足够忠诚，而且愿意脚踏实地地为公司做贡献，所以无须给予过多的关注，基本使之处于放养的状态。

然而这种理解与现实之间其实存在很大的误差，大家设想一下，你就是公司里一名被"放养"的低风险高贡献员工，面对老板的不闻不问，以及一门心思地挽留高风险高贡献的人，处理低风险低贡献员工的问题和诉求，你有没有可能因为得不到关注和培养而选择跳转到其他象限呢？如果你的答案是肯定的，那么这类员工给出的答案一样是肯定的，区别只不过是跳到哪一个象限而已。有上进心愿意为自己的前途奋斗的人可能会成为高风险高贡献的员工，积累能量另谋出路，当然也存在心灰意冷的人放弃努力，变成低风险低贡献的员工。

在讲解时间管理的四象限时，我提到了一个困境：我们总是急切地想要完成既重要又紧急的工作，从而导致重要但不紧急工作的紧迫性不断提升，最终成为既重要又紧急的工作。员工与工作都是组成公司的一种属性，两个坐标完全可以一一对应来理解。所谓前瞻性人才保留，就是避免高贡献员工流失以及提升低风险员工的"紧迫性"。

至此,我想大家应该都能明白,在前瞻性人才保留时最应该关注的一类员工就是低风险高贡献的人。而且,如果我们在他们身上多花一些心思就会发现,这类员工的产出效率是最高的,也就意味着对他们进行投入,性价比是最高的。

重点关注低风险高贡献员工的另一个重要原因是,一般来说,越是高贡献的员工离职越没有先兆,甚至直到提出辞职的那一刻,老板都坚定地认为这样的人不会离开,然而他们离职给企业带来的冲击与危害却极为严重。因为这类员工从来不会消极怠工,即使在决定离职的前夕,他们依然会高质高效地完成每一天的工作。反观一些高风险员工,我们可以很轻易地察觉到他们是否选择离开,比如上班迟到、效率和绩效持续下降、每天都在做一些与工作无关的事情等。也正是因为出其不意,所以使得我们在尝试挽留时变得极为困难。

关于员工离职的原因,常见的可能是职业缺乏成长潜力和挑战性、不明确不公平的任务目标、不合理的薪酬分配或者员工自己的追求与企业的战略规划不一致等,然而在我看来,一名员工离职80%的原因都与其直属领导有关。因为管理者是公司与员工之间的桥梁,扮演着传递公司文化、制定战略目标和规划以及直接参与管理等角色,如果他们与员工的关系出现问题,其实也就意味着企业与员工的关系出现了问题,那么员工离职也就成为情理之中的选择了。

再回到大家应该重点关注的低风险高贡献员工身上。在满足这类高素质员工的需求、避免他们离职方面，我认为组织应该做到三点：第一，倾听、理解他们对于成长的渴望和追求，并给予及时正确的反馈，比如分配给他们具有挑战性的任务，设定一个相对较高的目标，充分发挥他们的上进心带来的冲劲；第二，给予他们明确的成就感；第三点很有意思，就是让他们在不被肯定的情况下完成任务。我观察过很多高绩效员工，包括阿里巴巴坚强的中层，他们总是能够在被质疑、不被肯定的情况下完成自己要做的工作。其实大家回顾人类历史上的重大变革，大部分革新者都是在被质疑甚至被敌视的情况下坚定前行。

在电影《天下无贼》中，葛优饰演的黎叔讲过一句特别经典的台词："21世纪什么最贵？人才！"人才是市场极为重要的一个元素，但相较于人才本身，如何留存人才、如何最大化发挥人才的价值更为重要。要做到这两点最关键的一个前提就是充分认识、理解他们，而后做到"因材施教"，这也是前瞻性人才保留、预防人才流失的核心。

一个优秀管理者的成长路径

"一将无能,累死三军",最典型的案例当属只会纸上谈兵的赵括,他使赵国在长平之战中损失了40多万将士,同时也亲手葬送了整个国家的前途。这个故事告诉我们,在如今的职场环境中,需要成长的不只是优秀员工,管理者亦是如此,甚至更加重要、更加紧迫。在我看来,一名优秀管理者的成长路径可以分为四个阶段:建立信任、搭建团队、构建体系、打造文化。

获得他人信任是成为管理者的前提

大部分管理者都是从基层做起的,通过慢慢地积累能量、经验、格局,然后获得领导的信任,最终得到提拔进入管理层。

一般来说,领导者提拔一名员工的原因有很多,比如有能力、有见识、有前途等。但其实这些都是外在因素，任何一名员工可以有能力、有见识、有前途，但并不是任何一名员工都能成为管理者，因此我认为最重要的素质其实只有两个字：信任。在与领导、下属、客户交互的过程中，信任是一个人职业素养和人格魅力的综合体现，同时也是获取他们认可的前提。想要成为一名优秀的管理者，必须具备获得他人信任的能力或者素质。

能够有效搭建团队的人，才能被称为管理者

从员工成为管理者是很多人职业生涯中的一个分岔路口。我们可以发现有的人成为管理者之后，斗志更加高昂，愿意付出更多的努力追求进步，然而有的人却无法很好地适应和应对这种身份上的转变，做得一团糟。

> 和大家分享一个我身边的例子。我小姨在从事保险销售的时候，一个人一年的业绩可以达到一两百万元，甚至做到过全陕西省第一名的成绩。鉴于她优异的表现，公司决定让她带领一个团队，希望她可以把自己的经验传递给更多的人，培养更多优秀的员工。然而仅仅过了一年的时间，整个团队以及我小姨的业绩就出现了十分严重的下滑。此后，她就找到公司领导，表示自己带不了团队，拼死拼活还赚不到钱。

之所以有的人适合当管理者,有的人却无法适应,主要原因就在于仅仅建立信任还远远不够,接下来还要学会搭建团队,这也就是我一直强调的,通过别人来完成任务,而不是自己做。比如我小姨,她通过自己的表现获得了领导、同事的信任,成为一名管理者,但是她的工作思维还停留在销售层面,不会促进员工成长并借助员工的力量去完成工作,最终就会导致管理者与员工都付出了很多,结果却是业绩平平。

我有一个同学是一家企业的老板,有一次我看到他压力特别大,精神状态不好,就提议一起出去逛一逛,然后我就开车带他去北京郊外兜兜风。然而他一路上一句话都没有和我说,一直在打电话,和他的员工讲:"某某某,你去我的办公室,办公桌右边第二个抽屉,拉开,里面有一沓纸拿出来。"他说了一堆话只是为了指挥一名员工拿一沓纸。纸拿出来以后,我这个同学又开始指挥员工记他的要求,针对某个项目如何进行,一步一步地、事无巨细地讲给员工听,然后要求员工全部按照他说的去做。

这种方法或许可以做好一个项目,却很难经营好一家公司。所以我同学公司的规模 20 多年来一直维持在 15 人以内,否则就超出了他的管理半径,失去了对员工的信任。

如果我们深入研究这名管理者的行为模式就可以发现，问题的核心在于他根本没有办法战胜自己脑海中的人类误判心理学：员工的决定永远能找到瑕疵，自己的决定永远是对的，即便出现问题他也能找到弥补的借口和理由。简单来说就是缺乏对员工的信任。在此基础上搭建起来的团队，和在沙土上搭建起来的房屋没有什么区别，完全经不起风浪。

正确的做法是反推人类误判心理学：员工的决定即便存在问题，也一定有值得采纳和表扬的点，自己的决定也一定存在值得反思和再学习的部分。如此才能加强管理者和员工之间的情感连接，形成稳健的信任关系，进而构建起有向心力、有生命力的团队。

用体系战胜人类误判心理学

但是战胜人类误判心理学是一件极其困难的事情，本能地原谅自己的错误，给别人的行为找问题才是"人之常情"。因此，在搭建团队之后，还需要一个辅助工具来帮助我们战胜合情但不合理的"人之常情"，这个工具就是构建体系。

从20世纪90年代到21世纪前10年的时间里，体系一直都是企业内十分重要的一个因素。然而在变革越来越密集、越来越剧烈的幂次时代，体系是否如传统时代具有不可替代的作用，我个人是持怀疑态度的，这是值得探讨的一个部分。

当然也有毋庸置疑的部分，即如今一些知名公司，比如宝洁、可口可乐、麦当劳等，它们的体系极其强大，具有很强的借鉴意义和价值。

我曾经给很多人推荐过一部电影，叫《大创业家》，它是根据麦当劳创始人两兄弟的事迹改编的。与一般人创业时的落地实操不同，"麦当劳"两兄弟只是在停车场用粉笔画出了一个餐厅的布局，比如用餐座椅的摆放、厨房和收银台的位置等。然后，他们找来了其他几个人，以掐表的形式计算各个制作流程、用餐流程所需的精准时间。接下来，他们又测算了会有多少辆汽车经过餐厅，预估会有多少人进来吃饭。最终他们得出一个结论，这家餐厅一定会赚钱。

实体店面搭建起来之后，果然如他们预计的一样，生意很好。然后一个推销机器的名为克拉克（"麦当劳之父"）的人进店用餐。在看到餐厅的流程体系之后，他敏锐地发现了其中潜藏的巨大商机，于是决定入股。

克拉克的野心特别大，他想把品牌植入全世界消费者的脑海中，而非单纯地经营一家餐厅。然而麦当劳两兄弟却认为克拉克的行为破坏了餐厅的品质，也违背了两个人的初衷和理想，最终选择退出，把"麦当劳"卖给了克拉克。

麦当劳最值得敬佩的地方在于，即便一个不会做饭的人也不会影响整个流程正常且顺畅的运转。他们构筑了一套培训标准，可以在6个小时内培养出一位合格的"麦当劳厨师"。他们在全世界的门店都是如此，这是中餐厅难以做到的。在从掐表到标准化培训的转变过程中出现了一个很重要的因素，叫作"计控"，它可以减少人为因素的影响，提升整体流程的可靠性和效率。

关于绩效提升，我给大家推荐一本被业界称为"绩效改进圣经"的书——《绩效改进基础》，它很值得所有人深入地研究、学习。这本书的核心思想就是优化每一个流程，具体办法就是把具备条件的人力流程变革为技术流程。如此一来，流程就会简单得多，也靠谱得多。

从宏观的角度来看麦当劳标准化培训和技术化流程对绩效的提升，其实就是对一个巨大体系各个环节的迭代优化，而麦当劳的市场表现和品牌价值也向我们展示了构建体系对一家企业的价值和作用。

用文化营造氛围，用氛围推动员工

体系是维持团队安稳、高效运转极为重要的一个元素，文化同样如此。所谓文化，其实也可以理解为公司氛围，它在工作效率、工作质量等方方面面影响着员工。然而氛围只是作用于员工，其营造却依赖于公司的管理者。因此，想要成为一名得人心的管理者，打造一个良好的企业文化，烘托出一种适宜工作的氛围就显得十分重要且必要。通过企业文化，我们可以确保员工知道公司的目标和规划，同时也能使双方的沟通清晰、准确、及时。

在经营一家企业时，大家经常会提到领导、管理、执行三要素，管理者成长路径的四个阶段：信任、团队、体系、文化，其实也包含在这三个要素之中。大家应该都知道，企业里承担责任比较重、任务最繁杂的就是中层管理者，因为对他们来说，领导、管理、执行三个角色缺一不可，否则就有可能影响成长路径的四个阶段，影响我们成为一名优秀的管理者。

我想特别强调一点，这三个要素并非只能根据前后逻辑一步一步地建立，有很多企业都是先具备了文化氛围，后搭建的运营体系。但不管其先后顺序如何，我们最终的目标一定是既有氛围又有体系，做到统一高效地协调员工、业务线顺畅运转。这是一件特别值得大家深入思考和研究，同时也是存在巨大美感的事情。当我们将体系和氛围融合于团队，团队就进入了一种十分高效的状态。

第七章

掌握情境领导，
在沟通中赋能

领导力的关键就在于通过沟通，在充分尊重差异的前提下赋能每一个人，让他们用正确的方法、正确的心态去做正确的事情，然后拿到正确的结果。

情境领导的四大类型

孔子倡导因材施教，他会考量不同学生的认知水平、领悟能力、学习意愿等综合素质而选择不同的教学方法，以此来充分发挥他们的优点，避免或者弥补缺点，有效促进学生的全面成长。如果把孔夫子的教学思想融入管理思维中，其实就是情境领导。它要求管理者要针对不同类型的员工使用不同的管理办法，以及懂得为什么要使用不同的办法。

因材施教的前提是具备全面的情境领导能力

将员工定义为不同的类型，最主要的方法就是运用管理学中的 X 理论和 Y 理论。其中 X 理论是对人性的假设，在假设中人性本恶，员工因为懒惰的本性所以需要被积极管理。这一理论很符合一句管理名言：员工从来不做管理者要求的工作，只做管理者检查的工作。我们在给很多传统的生产型企业做培训时发现，这种风气大行其道，在员工的认知里，只有写进 KPI 的任务才是有效任务，否则就会被无视或者消极对待。

随着时代进步，知识型工作人员越来越多，X 理论明显无法满足新一代员工与企业之间的管理关系。在这种背景下，Y 理论应运而生。Y 理论强调释放员工的善意和自主性，让员工自行设定目标，完成自我激励。

乍看之下，似乎 Y 理论比 X 理论更为先进，也更符合新时代企业的需求，但事实并非如此。批判性思维教导我们要培养思维的全面性，因此在比较这两个理论时，我们首先要对它们建立一个全面的、相对客观的认知。比如针对公司里的新人，如果在他们有能力独当一面之前，管理者便完全放权，不给予任何的指导，新人必然无法健康有效地成长，使用 Y 理论显然就是不合理的。相对地，针对一些关键位置的关键人才，我们就无须过问太多，而应该适当放权，给予他们一定自我成长的空间，X 理论显然是不适用于这种情况的。

由此可以看出，X 理论和 Y 理论不存在绝对的优与劣，关键要看对应的管理情境和具体管理对象。这也是我认为管理应当"因材施教"，进行情境管理的原因。通过 X 理论和 Y 理论的排列组合，我们可以得出情境领导的四大类型（如图 7-1 所示）。

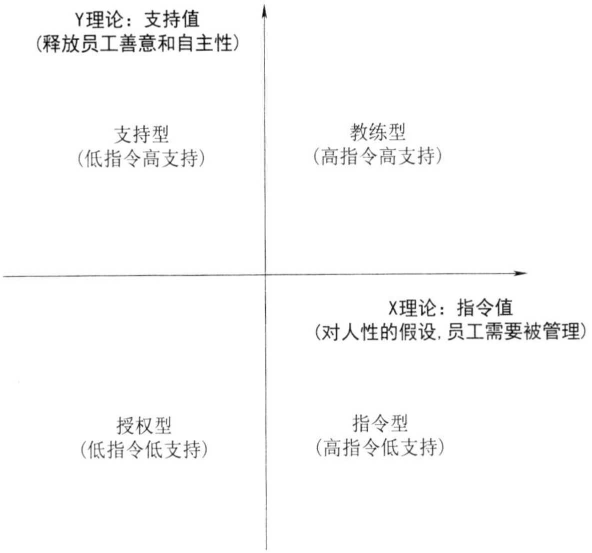

```
        Y理论：支持值
       (释放员工善意和自主性)
              ↑
              |
   支持型     |    教练型
 (低指令高支持)|  (高指令高支持)
              |
              |
  ————————————+————————————→ X理论：指令值
              |          (对人性的假设,员工需要被管理)
              |
   授权型     |    指令型
 (低指令低支持)|  (高指令低支持)
              |
```

图 7-1 情境领导四大类型

首先是高指令低支持的指令型。此类管理者很少询问员工的意见，员工也几乎没有自己的思考和主见，比如传统生产型企业流水线上的员工。管理者往往会直接输出指令，把任务细节布置清楚，员工以此为指导完成任务即可。

在这种交互情境中，信息都是自上（领导者）而下（员工）单向流通和传递，员工更多扮演的是执行的角色。此类管理模式的好处在于，领导者一直处在掌控者的角色，能够实时获得员工工作的效率、质量、进度等信息，当然，管理者也需要为一切状况承担责任。

相对地，这种管理模式很容易陷入僵化，员工得不到应有的锻炼机会和成长空间。而且对领导者来说，承担一切任务安排和责任意味着巨大的压力，如何保证在重压之下保持清醒且正确的判断，就是领导者必须具备的一种能力，否则，就会给整个团队、公司带来毁灭性的打击，甚至没有回头的余地，这也是"独裁式"领导情境的最大弊端之一。

其次是低指令高支持的支持型。与指令型正好相反，管理者会更多地询问员工的意见，比如对某件事情的看法、员工自己的目标和计划。在双方探讨完具体任务细节后，管理者会变成"后勤人员"，给予员工需要的帮助和支持。

支持型是一种十分和谐、合理的领导情境。如果员工的想法和计划不出现巨大的瑕疵和偏差，管理者一般不会过多干预工作的节奏和进程，与员工交流旨在获知项目进度或者给予员工一些意见和帮助。而且，这种开放式的管理能够极大地调动员工尤其是优秀员工的积极性。

再次是高指令高支持的教练型。教练型领导的特点是既询问员工的意见和想法，同时也会保持掌控工作的主动性。换言之，他们在获得了员工的信息之后，是以发指令的形式在和员工交代工作。此类领导大多会给员工高冷果断、掌控欲比较强等印象。

虽然支持型与教练型都会和员工进行信息交流，但两者的目的完全不同。在前一种情境中，领导者只是简单地获取信息，而后者在得到信息后会进一步研判，并把结果以指令的形式反馈给员工，让他们执行。

最后是低指令低支持的授权型。此种情境几乎可以理解为完全放权，既不过问也不会给予太多的支持。此类企业的员工大多是有能力有经验的"低风险高贡献员工"。

四类情境领导融汇于一身才能灵活运用

在讲解时间管理和员工管理时，我提到了事情和员工可能会因为某些原因跳转到其他象限，其实情境领导也是如此。

以一个职场人的工作经历为例。当他刚毕业进入工作环境时，管理者应该以指令型领导他。因为大部分职场小白都不具备具体的工作经验和能力，但是工作意愿和积极性特别高，而且愿意服从管理者发出的指令。与成熟型员工不同，刚毕业的大学生会把指令视为工作机会，然后很好地执行。

如果我们用教练型风格对待这些职场小白，大家可以设想一下，当我们针对某项具体工作询问他们的意见时，或者询问他们有哪些具体的落地措施时，恐怕很难得到明确的答案，因为他们根本没有理解和解答该领域问题的能力。此时我们需要做的就是给出直接的指令和指导，把"如何做"的细节教给他们，培养他们不断成长。当然，从公司的角度来说，这个教导的过程其实也是考验员工、筛选员工的过程。

随着管理者教导和执行指令的数量持续积累，员工的能力开始增强，经验逐渐丰富，他们会对工作和一些具体的事件产生一些自己的看法。此时，管理者就应该转换领导情境，从指令型进入教练型，比如给他们安排一次直接面对客户的任务。在与客户见面之前，我们要询问员工的意见，比如，见这个客户你有什么想法和打算，我们应该注意什么，具体应该怎么谈，等等。

需要强调的是，询问员工只是帮助管理者建立一个对客户方、对自己方更全面的认知，而非直接放权让员工自己操作。也就是说，现阶段员工因为能力和经验等问题，还不足以独立完成一项任务。管理者在获得相关信息并做综合考量后，仍需给员工下达具体的行动指令和指导。如此讨论交互的过程就是一个教与练的过程。

在教练型阶段，因为能够直接接触关键信息，加之管理者"问询式"的培养，员工的工作能力会得到突飞猛进的成长。但能力只是一名优秀员工的一部分，企业渴望的是全面的、能够独当一面的人才，所以除了能力，员工的意愿也是重点考察、培养的因素。

因此，面对具备能力却不够自信，不敢独立做决定的员工，管理者就应当进入支持型的领导情境，只进行简单的信息询问，不过多干预具体的操作，适当地放权给这些员工，培养他们独立做决定、完成一个项目的自信和意愿。

从指导型到教练型再到支持型,这种转变的目的更多的是培养员工,促使他们成为既有能力又有意愿的全面型人才,目的实现之后管理者便可以进入授权型领导情境。到了这一阶段,管理者应当进一步放权,让员工放心大胆地按照自己的想法和节奏去执行工作,比如我们提到的,网飞取消立项制度,员工能够根据自己的判断开启一个项目。

如果大家仔细观察如今的市场环境就会知道,有的管理者仍旧秉持着"一招鲜吃遍天"的老套管理思想,即只会用一种领导情境对待所有员工。比如指令型领导,他对待所有的员工都是直接下达指令,即便是那些能力和意愿都足够的员工。管理者事事进行干预,员工自然也就缺少自我锻炼、成长的可能性。大家设身处地地想一想,如果你是这样一名员工,大概率也会离开,而去选择一个更开放、更包容,有更多发展空间的企业。

再比如授权型。我看过很多经管类的图书,其中有很多书都乐于强调"放手",让员工自行闯荡。我个人是不太同意这种观点的,"放手"一定是有前提约束条件的,否则企业就是在自掘坟墓。

再回头看一看图 7-1。虽然都是四个象限,但它与时间管理、员工管理有着本质的不同,后两者中的 4 个元素都是相互抵触的。比如某一确定时刻的某一件事情,在重要程度和紧急程度上只会呈现出一种状态,也就是不会同时出现"既重要又紧急"和"既不重要又不紧急"这两种状态。员工管理也是同理,一名员工同一时间不会既是"高贡献高风险",又是"低贡献低风险"。

然而对管理者来说,四类情境领导应当同时融汇于一身,然后根据不同的情境,针对不同的员工,施展不同的管理风格或者管理能力,即做到因材施教,这也是我不认同"一招鲜吃遍天"管理理念最大的原因。当大家体会到这四种状态,其实就已经打败了如今市场上 80% 的管理者,它让我们在与员工的交互中多了一些选择。

管理即沟通

所谓管理,简单来说就是领导者与员工之间的交互和沟通,比如下达指令、传授经验等。从这个角度来说,管理的本质就是沟通。我们已经知道领导情境以 X 理论和 Y 理论划分为四大类,相对应地,沟通方式中也存在两个关键因素:一个因素是主张,另一个因素是质询。这两个因素其实也是沟通最真实的面貌:表达主张,质询疑问。

四大沟通方式

当我们表达主张时,旨在让对方明白我们的想法和思考,常见的表达方式有"对于这件事,我的看法是……";而质询的目的则是获取对方的信息,常见的表达方式是"关于这个问题，你的看法是什么？"通过这样的一答一问，能够将双方的认知拉齐。

与领导情境类似，我们同样可以用主张和质询把沟通方式划分为四大类（如图7-2所示）：告知、观察、提问、讨论。

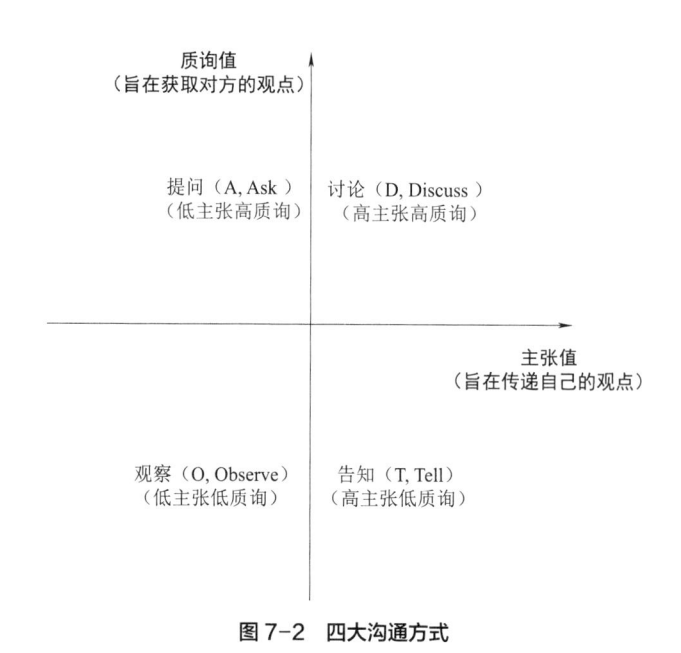

```
              质询值
         （旨在获取对方的观点）
                ▲
                │
   提问（A, Ask）│ 讨论（D, Discuss）
   （低主张高质询）│ （高主张高质询）
                │
  ──────────────┼──────────────▶  主张值
                │              （旨在传递自己的观点）
                │
   观察（O, Observe）│ 告知（T, Tell）
   （低主张低质询）│ （高主张低质询）
                │
```

图 7-2　四大沟通方式

告知（T）属于高主张低质询，即以表达自我主张为主，很少涉及质询的部分，放到职场环境中就是指令。

观察（O）属于低主张低质询，这是一种看起来不存在"沟通"的沟通方式，但却是一种极为必要的沟通方式。因为旁观者清,这种方式可以让我们获得更直观、更直接的信息。

提问（A）属于低主张高质询，以获取对方的想法和意见为主，而非主动输出自己的主张。

讨论（D）属于高主张高质询，既主动表达自己的想法，同时也会积极吸收他人的主张。讨论最常见的体现场景就是开会。

与四种领导情境类似，以上四种沟通方式同样不存在绝对的优劣之分，具体效果主要取决于具体的使用环境。但是根据TOAD模型，我们可以建立一些在日常管理中经常使用且十分有意思的工具。我想要重点讲解，同时重点给大家推荐的一个工具就是提问（A），因为它是我们最容易忽视的一个工具。

相信大家都注意过一个现象，甚至自身就存在类似的问题，即急于表达自己的主张。当管理者注意到员工存在问题或者遇到困境，第一反应往往是立马告诉他解决方案，然后叮嘱其好好改正或学习，但事实证明，这种沟通方式的效果并不是十分理想。原因在于，"填鸭式"沟通强加给员工的信息过于扁平，不易于记忆，更不用说后续的深入思考和理解。但如果使用提问的方式引导员工主动思考，我们在旁给予一定的信息参考，由此得出的结论则会十分丰满，有利于理解和记忆。

用提问提高绩效

提问中有一个领导力领域极为重要的工具，叫作GROW（成长）模型。该模型的联合创始人、职场教练应用的先驱约翰·惠特默曾出版过一本书，名为《高绩效教练》。在这本书中，作者分享了一个自己的例子。

惠特默曾创建过一家体育公司，其中教授网球的生意十分火爆，导致公司里的网球教练人数无法满足学员的需求。为此，他从公司内找来几名滑雪教练，让他们帮忙教网球。其实那些滑雪教练也感到莫名其妙，两个不相干的体育运动，怎么跨行教授呢？但因为是老板的要求，所以这几名滑雪教练只能赶鸭子上架，"装模作样"地陪学员一起训练。

然而奇怪的是，一个阶段的训练结束后，不只滑雪教练的网球水平有了显著提升，他们教出来的学员甚至比专业网球教练教出来的都好。为了找到其中的缘由，惠特默就去观察那些滑雪教练，看一看他们到底是如何教授学员的。

经过观察，惠特默发现这些外行教练最大的特点就是不主动教导，他们更习惯于以提问的方式让学员主动去感受。比如在一名学员练习发球时，他们不会主动纠正其动作的错误之处，而是会问："你认为你球发得怎么样？"此时学员可能会说力量好像不够；教练再问："再好好回忆感受一下，哪里不够？"学员回答腰的力量好像没有用上。接下来，两人会针对"无法有效使用腰部力量"进行探讨，学员则会调整不同的发球方式，尝试使用腰部力量。类似的场景一直在这些非专业的教练身上上演，学员每次动作的变化、调整都来自教练的一个提问。在这个过程中，学员不断增强自己的感受，最终找到了较为适合自己的动作和方式。

这是一个特别有意思的现象，而之所以会如此，一方面是因为在人的行为习惯中有一个特点，即听到他人的建议时，会下意识地认为对方在批评自己。另一方面，作为内行，我们总是因为对领域内的事情一清二楚而急于干涉。

> 我妻子在创业的时候，我给她提意见，会针对某一件事列举好多个建议。因为在我的认知里，这是自家事业，所以我希望它能够茁壮发展，提意见的本意绝对是积极的。然而我妻子听了之后却十分生气，对我说："你站着说话不腰疼，你就知道指责我。"

这件事让我明白，"意见"天生带有两个"点"，一个是出发点，一个是接收点。我们不能根据出发点的善与恶，就仓促地决定接收点的感受。这也是 GROW 模型所强调的内核。GROW

模型最有意思或者最有价值的地方在于，能够从两个方向帮助一个人解决问题，实现突破。两个方向分别可以意识到自我的责任和自我的状况。

首先是意识到自我的责任，就是让对方明白眼下的事情是他的责任，而非建议方的责任，换句话说，这些事情最终都需要他来着手解决。比如滑雪教练提问的方式，就是在提醒学员"练好发球"是自己来此处的责任和目的。

我和我妻子的交流则是一个反例。因为在给予具体意见之前，我没有帮助她建立事业的直接责任方是她的观念，便直接给出了建议，所以导致我妻子会反唇相讥。我提的那些建议，在她眼中成了"指责"的一部分，自然也就失去了应有的意义和价值。因此，正确的做法是不提供建议，而是帮助对方把责任梳理清楚。

其次是意识到自我的状况。相信大家都见过这样一种情境，即很多人因为有畏难情绪，在遇到一些问题时便会觉得事情很复杂，进而产生一种无从下手的错觉。然而实际情况却是，如果有人帮助他们理清其中的逻辑和条理，所谓的问题、复杂也会随之迎刃而解。

用 GROW 模型进行提问

《高绩效教练》和 GROW 模型之所以经久不衰且为人所推崇，主要在于它们没有过多高深的理论，方法随时随地都可以落地。举个简单的例子，当一名员工向你询问一项工作如何开展时，你可以向他提问："你认为如何做比较好？"这就是简洁但典型的应用场景。

提问的方式我相信对所有能够成为管理者的人来说都不会是难题，难点在于如何提出一个好问题。不管是在职场还是在生活场景中，大家应该都有相应的经历：一个好问题，可以启发提问者去思考，并且心甘情愿地分享自己的想法；而一个水平低下的提问，则很容易惹恼他人，更不用提获得对方的观点了。比如，"我们为什么不尝试大客户销售呢？"

和"有哪些原因让我们难以开发大客户销售呢?",两相对比,前者带有一定的攻击性,很容易让对方产生被责问的感受,而后者则留出很多的空间,可以让对方阐述自己的想法和观点。对解决问题的目标而言,明显后一种提问方式更具有建设性。

至于如何理解和定义"好问题",在我看来,好问题是可以让对方沉浸其中进行思考的问题,具有很强的开放性和包容性,很少涉及对与错的区分,只有观点的不同体现。相对地,"糟糕问题"则是让对方产生消极感观的问题,得到的回应大多是辩解而非建设性的观点和意见。

当然,提问只是一种简单的变现形式,为什么要问、问题中包含了哪些信息、希望对方给出怎样的答案以及如何处理对方的答案,这些问题其实才是"好问题"的关键核心,也是一名员工必须掌握的因素。为此,我们就需要更加深入、全面地了解 GROW 模型中 G、R、O、W 四个模块分别代表了什么。

辅助员工的关键是梳理而非帮助建立

G(Goal)即目标(如图 7-3 所示),其中涉及三个关键性问题:你的目标是什么?什么时候实现?实现目标的标志是什么?通过这三个问题,管理者可以把一名员工对任务的认知和理解量化、具象化，并用一个很清晰的抓手（实现标志）督促员工积极完成。此外，我们还可以使用一些辅助工具，比如用SMART原则[①]去优化目标和实现路径。

管理者肯定会遇到提出各种各样问题的员工，如果对他们的问题进行归类划分，很多人的问题其实都源自目标不清晰。管理者要做的，就是把员工的专注点从问题转到清晰的目标上。但是如何处理这种转变过程，我们一定要慎之又慎，总的原则是为他们梳理目标，而不是为他们建立目标。

图 7-3　G（Goal）目标

原因在于，对自己的目标很模糊的一类人，每天只能根据

---

① S=Specific（具体的）、M=Measurable（可衡量的）、A=Attainable（可实现的）、R=Relevant（相关性）、T=Time-bound（截止期限），SMART原则由彼得·德鲁克提出。

经验或者他人的指导完成工作，一旦遇到困境，他们就会很迷茫。如果管理者不是帮助梳理而是直接帮助他们建立目标，其实在他们的感知里，这个所谓的目标和以往的经验、指导没有什么实质性区别，即眼前的目标依旧是"别人的"，而非自己的。根据这样的指导，员工接下来的工作依然很容易陷入困境，进而再一次陷入迷茫。比如到了O（Option）阶段，他无法根据自己的理解制定出具体的落地动作。

因此，管理者引导的重点应该是梳理目标，比如"你真的想要那个目标吗？""能不能告诉我目标的具体内容？"围绕目标启发员工主动思考，使他们沉浸其中去调动内心对目标真正的渴望。

明晰现状，拉齐认知

R（Reality）为现状（如图7-4所示）。关于现状的这组问题，是我们在日常谈话中最常被忽略的问题，比如"你都做了些什么去实现目标？""是什么原因让你不能实现目标？"等等。之所以会如此，是因为我们都认为彼此掌握了相关的信息，而实际情况却是，受限于个人经验、认知和观察角度等因素，大家看到的现状、得出的结论并不尽然相同。我把这种现象称为"同床异梦"。对管理者来说，将所有人对现状的认知拉齐是极有必要的。

R. Reality: 关于现状
- 目前的状况怎样？
- 你都做了些什么去实现目标？
- 都有谁与此相关？他们分别是什么态度？
- 是什么原因让你不能实现目标？
- 和你有关的原因有哪些？
- 你都试着采取过哪些行动？

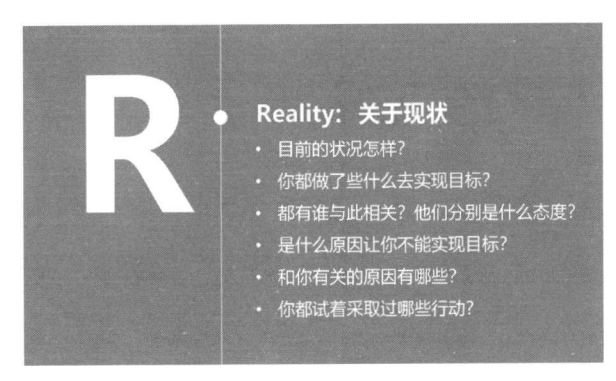

图 7-4　R（Reality）现状

具体拉齐的措施可以是提问图 7-4 中列举的问题，也可以根据实际情况自行设置问题。当然，总的原则性是相通的，即以开放的态度启发员工思考，以此推动员工尽可能全面客观地掌握与问题有关的事实和信息。当我们把方方面面的信息聚合在一起，也就能够对现状有一个清晰明了的认知了。

以管理者为辅，以员工的选择为主

O（Option）代表了选择（如图 7-5 所示）。从这一阶段开始，问题的侧重点从管理者帮助员工梳理信息，转向了员工主动选择、主动行动，比如，"为改变目前的情况，你能做些什么？""可供选择的方法有哪些？"等等。这些问题都有同一个特点，即把主动权交到员工手中，激发他们的想象力，让他们基于现状去思考方法。

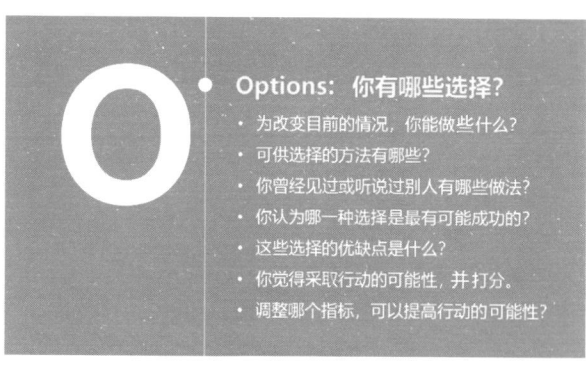

> **Options: 你有哪些选择?**
> - 为改变目前的情况,你能做些什么?
> - 可供选择的方法有哪些?
> - 你曾经见过或听说过别人有哪些做法?
> - 你认为哪一种选择是最有可能成功的?
> - 这些选择的优缺点是什么?
> - 你觉得采取行动的可能性,并打分。
> - 调整哪个指标,可以提高行动的可能性?

图 7-5　O(Option)选择

需要强调的是,图 7-5 中列举的例子并不能覆盖所有问题,大家仍需要根据企业具体实际有针对性地提出问题。比如在我个人的实践中,我就想到一个特别有意思的问题,面向的是员工在回答"我不知道如何去做"的这种场景。这种场景其实并不少见,因此它也值得各位认真思考。

我提出的问题是:"假设你知道,那么方法可能是什么?"在基础问题("你能做什么?")的铺垫下,这个问题更进一步地刺激员工,甚至带有一定程度的逼迫性。此时员工很有可能提出一些自认为不成熟、不敢说的想法,接下来管理者就可以针对这些想法进一步提问,直到形成一系列可行的计划。

此外,"还有吗?"这个问题同样十分关键,而且具有重要作用。因为人的思维存在惰性,往往提出几个可供选择的方法后就不再愿意进一步思考。如果我们此时追问一句,那么就有可能激发员工提出更多的建议。

这一组问题的权重更倾向于员工一方,以他们的想法和方案为主。从释放善意的角度来说,其实这就是激发员工主导项目的成就感。管理者无须去评判方法的好坏,而且随着管理团队的规模不断增大,我们也不可能有足够的时间、精力去评判每一个团队、每一名员工提出的方案。GROW 模型推崇的思维方式就是以架构为指引,以管理者为辅助,带领员工走到他想要实现的目标点上。

万事俱备,只欠行动

W(Will)意味着行动(如图 7-6 所示)。这一阶段是方法落地前的最后准备,"下一步是什么?""何时是你采取下一步行动的最好时机?""你需要什么支持?"等问题,目的是帮助员工建立一个完整清晰的行动方针,让他们放心大胆地去执行自己的思考结果。

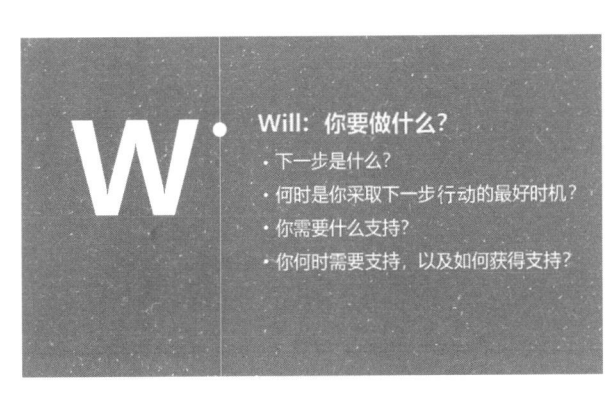

图 7-6 W(Will)行动

我曾有一个学生,他孩子在高三的时候产生了厌学情绪,认为学习没意思,不想考大学。这个学生为此不止一次地吼骂孩子,也请过很多知名家教,但都效果不佳,因为孩子很排斥。

绝望无奈之时他正好来上我的课,我讲的就是GROW模型。课后我对他说:"如果你觉得实在没有其他办法了,可以尝试用GROW模型去问问孩子的想法。"我的言下之意就是用提问代替责问。

他听了我的建议,回家后和孩子进行了如下对话:

父亲:你的目标是什么?

孩子:我想当明星。

父亲:那你的现状是什么?

孩子:我应该上电影学院,只有这样才有机会。

父亲:那么你为此做过什么努力呢?

孩子:什么也没做过。

父亲:你认为自己还差在什么地方?

孩子:我现在专业课问题不大,表演天天都练习,但是数学、英语还差一点,否则我一定能考上电影学院。

父亲:那你需要什么帮助呢?

孩子:你给我找数学和英语的家教老师吧。

经过补习,这个孩子最终如愿以偿地考入了某电影学院。

年轻人情绪起伏很大，是最典型的情绪型动物。如果家长在教育时逆着他们的情绪说话、办事，接收到的一定是孩子的逆反行为。教育孩子时需要倾听、理解，从孩子的角度去思考问题，培养员工时也是如此。GROW模型最大的特点就是给予对方主动权，充分体现我们的倾听、理解和尊重，帮助他们建立对自我状况和责任的认知。同时，G、R、O、W四个模块其实与批判性思维的全面性、勇敢性、公平性、科学性相辅相成，能够更好地培养出企业期待的授权型人才。

提问时控制给建议的欲望

《孟子·离娄章句上》中有一句名言,"人之患,在好为人师",它尖锐地指出了在与他人交往、相处中的一大忌讳,就是喜欢做他人的老师。这个道理适用的场景很广泛,比如教育孩子、培养员工。因此,我们需要时刻提醒自己,在辅导他人时,关键点就在于控制内心教育、掌控别人的欲望,尽量避免给出"你应该这样做""你应该那样做"的硬性指令。硬性指令与刚性制度一样,都是阻碍他人成长的巨大障碍。

提倡引导,而非指导

在职场环境中,硬性指令对员工成长的阻碍体现得十分明显。原因在于,指令一般存在于管理者和员工之间,两者是上下级关系，所以后者很有可能会被管理者的思路影响，进而得出一些自己不是特别理解的结论和方法，导致最终无法顺利完成任务。

正因为如此，我在讲解GROW模型之前，提到了管理者要事先完成的两个任务，其中之一就是帮助对方建立自我责任。如果跳过这一步，直接把我们认为有效的方法传授给员工，让他们按照既定的计划去实施，那么实施过程之中必然会遇到诸多员工难以独立应对的挑战和问题。不管方法和计划多么全面、完善，都一样会遇到问题。

从员工的角度来看，既然方法和计划都不是出自自己的思考，那么出现问题时的第一反应也一定是找制定方法的人。相反，如果整体方案是以员工为主导设计出来的，那么他对实施过程中可能出现的问题一定有所思考，至少有相应的心理准备。在这种情况下应对问题和挑战，员工的主动性和积极性自然与被管理者指导时存在着天壤之别。

因此在我看来，辅导者的能力在于专注认真地提出每一个问题，把对方带入更深层次的思考，比如，如何更好地完成任务，如何解决可能遇到的问题，等等。这是一种超然的积极态度，也是管理者能够给予员工最有价值的思考习惯之一。

我曾经辅导过一个人，她刚刚晋升为宝妈，她的问题在于不知道如何处理孩子和工作之间的关系。她对我说："我一上班就想孩子，坐在工位上觉得特别对不起孩子，在家里带孩子又觉得对不起单位，所以就很纠结。"在我之前，也有很多人对她进行过辅导，给过建议，比如找一个保姆等，但效果都不理想。因为这些辅导的着重点都是外在的，而宝妈纠结的关键点却是内在的，是她自己的心理问题，因此效果不明显。

后来我去辅导她。我并没有如其他人一样直接给出自己的建议，而是用 GROW 模型帮助她梳理清楚了目标、现状和方法。当整体逻辑清晰了之后，这位宝妈心里就有底了，便不再纠结。

接下来她做了两件事。第一件事是把孩子的照片摆在办公桌上，想孩子的时候可以看一眼。第二件事，她请同事喝了咖啡。因为她要哺乳，所以每次上班都会因为迟到错过晨会。通过请同事喝咖啡的方式，她可以了解晨会讲了哪些重要的事情。如此一来，这位宝妈的问题就得到了妥善的解决。

针对"请同事喝咖啡"的事情，如果这个方法不是我引导她思考出来的，而是我直接给出的建议，那么她大概率不会接受，可能还会反问我："凭什么？"这就是引导和指导之间的差别，其中包含了很多对人性的考量。

会提问，更要会判断

我们提倡管理者尽量去引导员工思考、实践，并不意味着管理者只能作为一个辅助角色，而不能给对方建言献策，只不过应当在遵循"以培养员工为主导"大原则的背景下给出建议。比如针对某项具体工作，管理者有一个十分具有价值的创意，那么可以在使用 GROW 模型之后，员工已经讲完了自己的想法时我们再提出一个问题："如果有一种可能，你愿不愿意听一下？"

这个问题其实十分重要，所以大家千万不要小瞧它。假设我们换个说法，比如"我给你一个建议"，虽然从管理者的角度来看，两者表达的是同一个意思，但站在员工的角度去理解，两者存在明显的话语力度上的不同，后者更加强硬，或多或少都会影响员工的判断。

但第一种说法有对问题的铺垫，语境也要和缓很多，不会给员工一种强硬指导的感受。当对方表示愿意听的时候，责任就到他身上了，此时我们再讲案例、方法也好，讲想法也罢，员工都会更加容易接受。因此我认为领导力方法的核心就在于调动对方的主动性，管理工作也是如此。

既然领导力的重心在于对方，那我们如何评判一位辅导者水平的高低呢？或者说，管理者如何确定自身辅导能力是否有长进，即它的标准是什么呢？在我看来，标准的核心在于我们是否能够判断真假。

我每次检验辅导一个人的效果如何时，都会问他三个问题："你知不知道具体应该怎么办？""你自己是不是这么想的？""你有多大的意愿做这件事？"通过这三个问题，我们可以判断被辅导者的状态，究竟是真明白了还是懵懵懂懂一片混沌，如果是前者，对方的内心就会产生巨大的动力并且愿意马上行动。

此外，关于判断对方的状态我想强调一点，即不要挑战人性的本能。大家要明白在人性中，有一种夸大工作难度的本能，这是在一个人潜意识中的因素。当对方说一件事存在困难时，不管真实情况如何，他都希望能够获得你对"工作有难度"这个观点的认可。

如果此时管理者站在了观点的对立面，直接反驳说"没那么难""是你的心理作用"等，那么他很有可能找出更多的理由来证明工作的难度。员工之所以会有夸大难度的行为，是想通过工作的难度增加自己的价值。我不建议管理者反驳的另一个原因，是因为从员工心理层面来说，这种语言的对抗必然会增加他们的抵触心理，主观上增加了工作的难度。因此，正确的做法是安静地听他们诉说，然后冷静地提问，引导对方针对"难度"展开新一轮的思考和总结，并最终由他们推导出解决方案。

以上这些不管是积极的行为还是消极的行为，其实都在我身上发生过。我常常说，过去的自己是最不适合做辅导者的人，因为我读的书多，积累的见闻和案例也多，导致别人来问问题时，我经常会从自己的角度出发，直接表示对方的格局、层面太低，应该想得更全面一点。

后来我才慢慢意识到，每个人的成长节奏都不一样，经验和积累相应地也不尽相同，换句话说，大家对一件事情有不同的认知和理解才是正常的。我们不能以己度人，要求他人都和自己一样。以读书为例，难道我看的书多，就有理由要求别人一样读书多吗？同样，我也不能要求别人读书时产生和我一样的理解和解读。

因此，即便人类存在夸大难度的本性，管理者也不应该直接去挑战员工抛出的观点，而应该以一种更积极的态度引导他们思考、成长。我们要对每一个人的成长过程抱持耐心和敬畏之心，这对一名管理者来说十分重要。

学会 BIC，让对方心甘情愿接受负面反馈

我过去经常强调一个人是否具备领导力，或者评价其领导力的分水岭，有一个十分典型的标准，就是观察他能否使用二级反馈的方法营造氛围，以此来鼓舞和塑造他人。比如同样是二级反馈，有的人总是习惯于在表扬之后使用"但是""如果……""假如……就好了"之类的词语进行转折去强调其他内容，类似的对话场景在日常生活中并不少见。在如今人际交往的潜规则下，"但是"之后的内容往往才是交流的重点，而且其含义大多带有消极的、批评性质的意味。如此一来，正向的二级反馈也就失去了价值。

可是在现实生活和工作当中，碰见问题与批评是难免的事情，我们完全没有必要为了照顾对方的情绪而进行隐瞒，因为

在我看来，问题才是进步的阶梯。大家可以回想一下，人类历史那么多伟大的发明，就是为了解决彼时碰见的实实在在的问题。因此，将问题形容为比表扬更有价值的元素，其实一点也不过分。

用 BIC 传递负面反馈

员工存在问题从来都不是管理的关键点，如何让对方心甘情愿地接受负面反馈才是需要我们思考的重点，也一直是困扰许多管理者、辅导者的"老大难"问题。在生活场景中也是如此，人际交往之间的很多矛盾往往都是因为"不会说话"，使得对方认为自己受到了侮辱、贬低和否定。

> 我以前在电视台做主持人的时候，就无法接受他人对我提出的任何批评。比如，制片人因为一些原因给我提意见，我会马上找出很多理由去反驳他，然后双方就会展开辩论，很有可能最后不欢而散。甚至有一次我们双方谁也不愿意让步，制片人大为光火，对我说："没想到你居然是这样的人！"后来我冷静下来思考，才意识到自己的盲点象限。

中国有一句老话，叫"对事不对人"，它要求我们做到在相对客观、准确地表达观点的同时考虑对方的情绪。但这是一种概念性的、方向性的理念，它对应的具体方法被称为 BIC（behavior has impact which leads to consequence，即行为产生影响，影响导致结果）理论（如图 7-7 所示）。

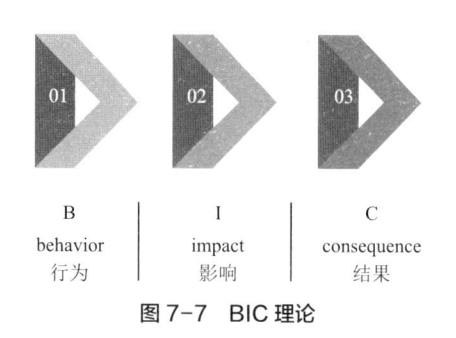

```
     01           02           03
      B            I            C
   behavior      impact    consequence
     行为         影响          结果
```

图 7-7　BIC 理论

首先是 B（行为）。一个人脑海中每天产生的信息大致可以分为两类，一类叫作事实，另一类叫作观点。大家一定要具备区分两者的能力，比如某一个具体的行为属于事实，再比如"你最近状态不太好"，这句话则属于观点。

学会区分两者的作用，在与他人交流的过程中，应当以事实为侧重点，不要急于给出自己的观点，也就是说不要急于对某件事下结论。所以我希望大家可以培养一种思维，就是把员工想象成"超人"。此处的"超人"当然不是要求员工无所不能，而是电影《超人》里的一个梗。

电影《超人》的剧情发展到结尾时，超人都会变回克拉克（超人凡人形态的名字），变成一个普通人。克拉克的职业是一名记者，所以每次都是在超人拯救完世界之后才匆匆跑回报社，他的主编就会批评他："你跑哪去了？刚才超人出现你又没拍到。"然而主编不知道，面前这个"不敬业"的人就是他心心念念的超人。

这段电影情节告诉我们，当见到一名员工犯错时，管理者千万不要先入为主地把事实当作观点。我之所以要强调这种思维，是因为我们常常会受到推理阶梯的影响，把自己认为对的内容当作结论并信以为真。而"把员工当超人"的思维则可以让我们在与他人的交往过程中留有缓冲空间，把强硬的观点变成事实的表述。

其次是 I（影响）。"影响"更多的是客观因素，是 B（行为）直接导致的后果，比如一名学生迟到 10 分钟会影响大家上课的秩序，会吸引老师的注意力，会打乱老师的教学节奏，当然也会影响他自己的学习。一般而言，I 是短期的、局部的影响。

最后是 C（结果）。相较于 I（影响），"结果"的作用是长期的、全面的。除了一些十分显著和直接的重要结果，更多的场景是，长期的"结果"往往是由短期的"影响"积累堆叠而来的。比如在当下的职场环境中，很多员工都将迟到、约了客户不去、发邮件不回等视为无足轻重的小毛病，然而长此以往，必然会严重危及人与人交往的基础：信任。因此作为他们的管理者，你有责任、有义务把长期后果给他们讲清楚。

专业的 BIC，才是有效的 BIC

在 C（结果）这一部分，我可以和大家分享一个技巧，即把结果与对方的长期利益建立连接，唯有如此才能让他们产生更加深刻、更加清醒的认识。这一点非常重要，我举一个我经历的例子。

那是我第一次去 IBM 讲"可复制的领导力"，第一节课上完后，同行人员都跑来和我说讲课效果很好，我的自我感觉也挺好，所以特别高兴。大家要知道，第一次在 IBM 这种管理理念十分先进、十分成熟的巨型企业讲课，发挥得还不错是一件特别值得骄傲的事情。

但是当天晚上 IBM 的人给我打电话，说："樊老师，关于今天上午的授课有一些问题，我想和您做一个反馈，您有时间吗？"

如果是一般的企业或者管理者，在对方表示可以指出错误时，一般都会直接把问题列举出来，比如，"团队的沟通角色部分你讲错了"，或者是"关于某某内容你讲得和我们的讲义不太一样"，等等。听到这样的"错误"，我想很多人心里都是不会承认的，因为对某件事情的理解可以用浅显和深奥界定，但是很难用对与错界定。

但是 IBM 的人在听到我说方便沟通后，说道："樊老师，今天早上您在讲团队这部分内容时，您是这样说的……"然后对方把我上课讲的话几乎是原原本本地复述了一遍。用 BIC 理论来说，就是把 B（行为）的部分讲清楚了，也可以说是把"事实"梳理清晰了。

然后他接着说："我观察学生在做游戏的时候，没有完全体会到您的这几点。如果不把这些内容讲清楚，可能会影响他们对知识点的吸收。"这是 I（影响）。学生无法真正有效地学习、领悟我所讲的知识，属于直接的、短期的影响。

再接下来他说："如果接下来还是如此，我们担心这门课程在中国的传播效果会受到影响，而且不利于您成为一名优秀的 facilitator（推动者）。"这是 C（结果），而且把我个人的长期利益与他们的观点挂钩。抛开其他内容不谈，即便我再怎么不同意对方的前两段话，对于长远的影响和利益我肯定是要严肃慎重对待的。而且对方在与我的利益建立连接后又说了一句："樊老师我想听听您的意见。"

面对 IBM 有理有据的 BIC，我向对方承认并没有注意到这些事情，我只是想尽量多讲一些知识点。优秀推动者的特点是要让学生有体会,而不是自顾自地输出内容,否则就变成了填鸭式教育。

在听到我承认错误之后,对方表示:"不过不要紧的,樊老师,如果您有什么独特的设计也可以讲出来,或许您的打算是对的。"这句话是最让我感动,也是最让我受益匪浅的部分。因为授课内容和课程设计出现错误的主要责任方明显在我,可是他们在提意见的时候依然十分尊重我,真正做到了就事论事。最后我表示接受对方的建议并进行改正,同时也对他们人性化的建议方式表达了感谢。

经过这件事情之后,我深刻体会到了"提问"的意义和价值,也学会了提问。更难能可贵的是,对方并没有因为我第一次讲课出现事故而轻视我,我也没有因为对方指出了我的不足而敌视他,我们两个人成了可以相互帮助、促进成长的朋友。我十分珍视对方的专业,这种专业不只体现在看待问题全面、客观、准确的能力上,也体现在他叙述问题清晰且人性化的态度上。

反观一些不专业的人,他们总是喜欢给自己贴标签,比如"我是一个直性子""我习惯于有话直说",其实我并不认同这种观点。人都是情绪化动物,"有话直说"看似公平客观,实则免不了"夹枪带棒",如此是很难让对方心平气和地接受的。

在与 IBM 的长时间合作之后，我发现他们的管理者与员工在沟通时基本都是如此专业。即便是一个刚毕业的大学生，IBM 也能够通过三个月的培训，把他们的职业素养提升到很高的层次。或许这也解释了为什么 IBM 能够成长至如今庞大的规模，这是值得我们借鉴参考的优点。

在具体实施运用 BIC 之前我希望大家明白一个道理，虽然职场要求员工要具备足够的职业素养去接受负面反馈，但我们也不能完全剔除员工身为人的人性化、情绪化的一面。换言之就是，我们要如 IBM 一样足够专业地顾及对方的情绪，在尊重对方的基础上让他们接受建议，这也是体现管理者专业的地方。

此处提到的尊重，可以是认可员工的能力、员工某一阶段工作的成就或者是员工的优点，用员工的亮点而非不足去引导他们成长，如此团队的建设才能更富建设性和广阔前景。

四大步骤落实 BIC

通过 BIC 理论的学习我们知道，管理者在注意到一个令人担忧的负面问题时，首先要做的就是把它拆解为行为、影响和结果，然后以这些因素为基础与员工展开沟通，直至找到合理的解决方案。沟通可以分为四大步骤：设定情境、给予反馈、鼓励和倾听以及构筑员工成就感。

设定有效的情境，进行有效的沟通

简单来说，设定情境就是在沟通之前用一句话做铺垫，比如，"我今天要跟你谈一件……事情"，它的作用在于，让双方在具体交流之前有一个大致相同的认知。否则鸡同鸭讲，员工根本抓不住管理者说话的重点，也就会使沟通的效力大打折扣。

我见过很多企业的管理者有一个共同特点，即讲话云山雾罩。他们从来不直接点题，而是习惯于旁敲侧击地让员工自己悟、自己理解。乍看之下，这种交流模式似乎能够促进员工主动思考，是一种优秀的方式。但是大家要明白，我强调鼓励员工主动思考的前提，是以管理者为引导，这种方式可以确保员工的思考在正确的通道内进行，如此才是有效思考。相比之下，员工在进行"云山雾罩"式的思考时，其思考重点不在工作上，而在"老板讲话的重点是什么"。换言之，员工是在琢磨老板的心思，而非工作内容。员工思考的出发点是错的，后续的过程和结论自然也是在做无用功。

我给大家推荐一本书，叫《金字塔原理》，是由麦肯锡顾问公司有史以来第一位女性顾问芭芭拉·明托撰写的。书中提到了一个案例，用以证明在不设定情境的情况下，听众难以理解讲话者想要表达的含义。案例具体内容如下：

> 可以根据用途，把它们分成两块，可以用机器的方式处理，也可以用人工的方式处理；可以加入化学试剂，也可以不加；最后可以让它们自然地恢复原状，也可以用实用物理的方法恢复原状。

在不设定情境的前提下，我相信没有多少人能够看得懂上面这段话。这个前提，也就是既定情境其实很简单，即如何洗衣服。有了它整段话就鲜活起来，也有了意义。

一个简单的情境可以让凌乱模糊的语言有意义，这就是设定情境的价值所在。当然，设定情境是一方面，设定一个有效力的情境是另一方面。举两个例子。第一个，如果管理者对员工说："今天我和你谈谈工作。"那么这个情境明显就是无效情境，因为"工作"的范围过于广泛，员工难以找到思考的着力点。第二个，情境设定为"今天我要和你谈一谈你工作态度的问题"，此类带有明显负面性质的，甚至是带有攻击性质的情境设定也是无效的，它会引发员工的抵触心理，员工自然就不会心甘情愿地与管理者讨论"工作态度恶劣"的问题。

因此，情境应当是中性的、学术化的词汇，比如，"今天来聊一聊销售技巧的问题""如何推进下一阶段的工作""我们来谈一谈如何提升团队的工作氛围"，如此精准地界定交流范围，不仅有助于对方理解沟通重点，也有助于对方接受商谈结论。

给予全面的反馈，消除对抗情绪

关于反馈我想特别强调一点，管理者要把 BIC，即员工的具体行为、带来的短期影响和长期结果一次性全部讲给对方听，如此才能有效避免管理者与员工陷入相互对峙、推卸责任的场景之中。

假设一个场景：某员工的周绩效下滑了20%，其领导找他谈话。如果此时管理者不是一次性讲清楚BIC，而是说："你上周的绩效下降了20%，为什么呢？"相信大家都遇到过这类领导，总是习惯于在讲完一个事实之后，马上询问为什么。我讲过，人有夸大难度的本能，在管理者问"为什么"的场景中，员工同样有推卸责任的本能，他们会找各种理由，比如环境改变了、别人做得更糟糕等。

如果我们从员工的角度来理解这一场景，当管理者把自己的糟糕表现和为什么放在一起时，他们会自然而然地把它视为一种指责，进而因为恐慌、害怕等情绪激发推卸责任的本能。其实双方都明白，员工所说的理由大部分是不成立的，但又因为真实的原因涉及工作积极性，甚至工作能力等决定性因素，所以不到万不得已员工是不会坦白的。

相对地，如果我们把BIC完整地拆解给员工，他们则会产生"老板是为我好""老板想的比我周到""老板的境界和格局比我高"等感受。如此一来，员工不仅容易接受现状，也会提升工作积极性，更加努力地工作和积累能力。

以倾听和鼓励构筑双方的理解

从反馈转到倾听和鼓励的方式其实很简单，就是去询问对方的感想，比如"我想听听你的想法"，把阐述的主动权交到对方手中，以此来探究问题背后真正的原因。倾听是很重要的一个沟通工具，它要求的最主要的能力有两种：提问和反映情感。

关于提问极其重要的一点是，问题必须是开放式的，而非封闭式的。比如大家经常能够听到的"是不是因为……"，就是一个典型的封闭式问题，员工给出的答案基本分为"是"或者"不是"两种，管理者很难触及对方真实的想法和观点，也就失去了提问的意义和价值。开放式的问题则正好相反，诸如"你的打算/想法/解决方案是什么"等提问，会给员工留有足够的表达空间。这也是我在讲解 GROW 模型时多次提到并且强调的。

反映情感应用的场景一般分为两种：对方不悦或者情绪波动比较剧烈，具体的应对工具包括我以前讲过的非暴力沟通、关键对话等，以安抚对方情绪为主要目的，比如，"我知道你压力很大""我能理解你很生气"等。在对方情绪回归正常之后，我们再继续开展接下来的沟通。

众所周知，沟通本质上来说就是一个双方互相理解的过程，管理者提出问题后的倾听和鼓励其实就是在构建对员工的理解。此外，这一阶段的主要目的不是分清责任，而是梳理清楚现状，双方互相理解无疑更加有利于获得全面、客观的信息。

构筑员工成就感

在获得现状、员工的想法和计划后，一名优秀的管理者接下来要做的就是把成就感交给员工。在很多员工的认知里，成就感其实是十分重要的一个因素，甚至比奖金更重要。当然，换个角度来思考，奖金可以视为成就感的一种具体体现。相信大家明白，相较于短期内的物质收获，有追求的优秀员工更在意的是长期发展和成就感，比如能力的成长、职位的升迁等。

然而让人痛惜的是，市场中有很多管理者根本意识不到这一点，或者说做不到，他们往往会把成就据为己有，而把责任推给员工，比如，"我早就告诉你这样不行了，你就是不听"。大家换位思考一下，不管具体的实施过程是否真的如管理者所料，这句话都足够给人以巨大的打击。我想这样的劝谏方式任谁都不愿意接受。

其实给予员工成就感是一件很简单的事情。举个简单的例子，当员工提出一个开创性的建议时，管理者可以说："你这个建议特别棒，我们应该在全公司进行推广。"如果其中存在一些不成熟的部分，我们可以说："你这个建议特别棒，只要把其中某某部分稍做调整，我们就可以在全公司进行推广。"

但如果是一些比较严肃的问题，比如员工的业绩或者团队氛围出现问题，那么在四大步骤的基础上，管理者还需要追加两个措施：一是行动总结，二是跟进计划。

首先是行动总结。大家要学会区分行为和行动，比如管理者就团队氛围问题与某个员工沟通之后，对方承诺会加强团队协作以确保自己更加融入团队。员工的承诺就属于行为。管理者要做的是监督员工把行为落实为具体的行动，比如请团队成员吃饭、给他人道歉等。

其次是跟进计划。在员工落实具体的行动一段时间之后，管理者应当再和员工交流一次，询问其结果和感想，确保沟通的有效性。

不论是四大步骤还是六大步骤，当管理者运用这些方法与员工进行沟通之后就会发现，引导员工主动表达想法和观点，或者我们给对方提出一些意见和建议，其实都能有效拉近双方距离，一定程度上消除了职位在双方交流时的阻碍。

然而在如今的职场环境中，有很多管理者不愿意或者惧怕给他人提建议，由此就形成了一个十分常见的管理陷阱，叫作用考评代替辅导。就是当一名员工出现工作积极性或者其他问题时，管理者总是不以为意，认为下个月发工资、发奖金时员工就会明白。在他们的认知里，员工的全部追求只有金钱。关于员工工作的目标和追求，我们已经进行过充分的讨论，所以寄希望于用工资唤醒员工工作积极性的观点本身就存在偏颇，其效果自然无法得到保证。

我们经营一家企业，管理一个部门，最希望看到的就是员工与企业、部门共同成长，共同进步，而之所以有的管理者不愿意下功夫去辅导员工，是因为当两个人很严肃地探讨一件事情时，探讨本身也会对管理者造成巨大的压力，而每个人都有逃避压力的本能。

金无足赤，人无完人。每个人都会犯错，对待问题的不同态度让我们成为不同的人，比如优秀的管理者和员工会把严肃沟通时的压力视为成长的动力，而非对自己的刁难。

管理者学习 BIC 理论的目的是让员工更好地直面错误，从中吸取教训完成进步。那么 BIC 理论的重点是四大沟通步骤吗？是，也不是。

说"是"，是因为这四大步骤的的确确可以帮助管理者更合理地与员工进行交流，让对方心甘情愿地正视反馈，接受负面反馈；说"不是"，则因为步骤只是表达形式，它们背后代表的本质逻辑才是真正重要、有价值的内容，比如倾听、员工的成就感等。如果管理者只是死板地"依葫芦画瓢"，不过是在以正确的方式做错误的事情，员工感受不到管理者的诚意，那么双方的沟通就是一幅有形无神的画，没有太大的价值。

后记

我之所以要推出这本书,是希望帮助大家升级管理思维,为大家提供一个更全面、更客观的认知组织内生物态和机械态区别与重要性的视角。与此同时,我在书里也为大家提供了一些落地的方法论,比如如何培养批判性思维、如何有效地与他人沟通以及如何传递负面反馈等。通过这些方法,大家能够更好地了解组织、融入组织,进而平衡组织内的生物态元素和机械态元素,使两者完美地结合、共存。

随着科技的不断发展,随着我们管理能力的不断提升,我们能够掌控的部分可能会变得越来越多,也就是机械态会越来越成熟,但是我们随时得具备生物态的思想和想法,只有这样,这个公司或组织才能够不断地去灵活调整和适应,才能应对时刻变化的外部环境。所以我把领导力这件事情分了三个层面:理念、方法论和技术。

首先，我们应该在理念的层面达成一致——我们有一个共同的理念，我们认同这样的事情，我们愿意这样去做。其次，根据这个理念，根据对公司形态的认识，我们会有自己的一套独特的方法论，指导我们怎样让公司发展得更好。最后一个层面是能力的层面，就是我在《可复制的领导力》里所讲到的每个职场人和管理者都应具备的最基础的技术动作。

我过去强调技术和能力层面的内容比较多，可能的一个原因是能力部分在我体内已经内化，而且当这个东西内化了以后，你会觉得它好像没那么重要，大家不都这样吗？似乎应该都是这样，这是知识的诅咒。但实际上，有很多年轻人根本连怎么和别人开会都不会，怎么激励一个同事也不会，甚至和别人谈话都没学过。

所以，理念、方法论和技术这三个层面，其实都很重要。这本书会更偏重理念和方法论，而《可复制的领导力》则更偏重技术性的内容。只要对这三个层面形成清晰的认知，这个公司或组织就能够滚动起来。